本の森を
ともに
育てたい

本の森をともに育てたい

日韓出版人の往復通信

カン・マルクシル
大塚信一

岩波書店

目次

現在住んでいる田舎町の風景　Ⓒ왜그림

目　次

写真（カバー・表紙・本扉）／装幀＝桂川　潤

プロローグ――この通信はどのように生まれたか

大塚信一

私がカン・マルクシルさん（강맑실、以下K・Mと略記）と初めて話をしたのは、二〇〇五年九月五日のことである。第一回東アジア出版人会議の初日、東京・銀座の並木通りの近くにあるDNP（大日本印刷株式会社）所有の小さなビルの二階に設けられた会場でのことだ。

K・Mさんが話しかけてきた。「大塚（以下O・Nと略記）さんには一度お会いしたかもしれません。サゲジョル社の全職員で岩波書店をお訪ねした時のことです」。申し訳ないことだが、私はまったく覚えていなかった。というのは岩波書店の場合、外国から出版関係者が集団で視察に来てくださることが少なからずあったので、どこの国の方々かは記憶していても、個々のメンバーの方まで覚えていることはなかったからである。

私はK・Mさんに謝まった上で、「それはいつのことですか」と聞いた。彼女は「一九九四年夏のことです」と教えてくれた。[(1)] 当時私は編集担当役員をしていた。多忙な社長の代りに応対に出ることも多かったので、K・Mさんと会っている可能性はある。

改めて名刺を交換し、私は彼女が韓国の有名なサゲジョル（四季節）出版社の社長であることを知った。私の名刺には東アジア出版人会議理事と記されていたと思う。私は二〇〇三年五月末に岩波書店を辞していたからである。

この時K・Mさんが何語で話しかけてきたか、私ははっきり覚えていない。英語であったようにも思うし、日本語だったかもしれない。(2) 私は韓国語をしゃべれないので、韓国語でなかったことは確かだ。K・Mさんは、今では日本語を流暢に話すけれど、一五年前はどうだったのだろう。

第一回の会議では、殆んど全員が互いに初対面だった。早く皆さんの顔を覚えなければならない。だから、K・Mさんともそれ以上親交が深まることはなかった。その後K・Mさんとの交流がこんなに深くなるとは、当時は夢にも思わなかったのである。

ここで簡単に、この東アジア出版人会議の成り立ちについて書いておこう。二〇〇四年春、龍澤武さん（元平凡社取締役編集局長、当時トヨタ財団理事）が、私に旧知の加藤敬事さん（元みすず書房社長）と三人で東アジアで最初の民間の国際出版交流組織をつくりませんか、と持ちかけてきた。当時、家庭の事情で頻繁に海外に出かけることは難しくなっていた私は、それでもよければという条件付きで参加を承諾した。こうして龍澤、加藤、O・Nの三人が発起人となって「東アジア出版人会議」（East Asia Publishers Conference, 略してEAPC）が二〇〇五年に産声をあげることになる。

2005年第1回東アジア出版人会議(東京).右より巣峰(チャオ・フォン)(中国),大塚信一,カン・マルクシル,林慶澤(イム・キョンテク)(韓国).

財政的には、当初二年間ほどはトヨタ財団の支援を受けることができたので、安定していた。しかし東アジアの各国の出版人たちの合意を取りつけることは容易ではなかった。なぜなら、中国・韓国・台湾・香港といった地域は、いずれもかつて日本帝国主義の侵略を受けたという歴史的事実があったからだ。

龍澤・加藤の二氏は何回も各地に足を運び、説明と説得に力を尽した。幸いに中国に関しては、当時三聯書店総経理の董秀玉(ドン・シュウユー)女史との関係がすでにつくられていた。というのは、二〇〇〇年六月、中国新聞出版署の招待を受けて、日中文化交流協会の日本出版訪中団(団長はO・N、団員の一人が龍澤)は中国の出版界との友好を体験していたのである。董秀玉女史の強力な協力を得て、それを突破口にして、その他の地域の出版人たちの合意を得ることができたのであった。

こうして東アジア出版人会議が実質的に誕生した。以後、現在に至るまで原則として毎年二回、各地域の持ち回りの主催で会議は開かれてきた。二〇一九年には、沖縄で第二七回目の会議が開催された。二〇二〇年は中国で開かれる予定であったが、コロナ・ウイルスの影響で開催が困難な状態となっている。

会議は毎回三五名前後の中核メンバーによって行われた。後にはそこに各地域の若い世代の出版人が数名加わり、四〇名をこえる場合もある。二日間を発表と討議に当て、三日目は観光や小旅行を楽しむ。各地の美しい風景や人情、そして美味な食事を共にすることによって、メンバー相互間の友情は高まっていった。会議以外の家族ぐるみの交流も増え、ＥＡＰＣの存在は各メンバーにとって重要なものになっていった。

ＥＡＰＣの第二回会議は中国浙江省の西湖のほとりで開かれた。この回から台湾の林載爵（リン・ツァイツェ）さん（聯経出版社発行人・編集長）や香港の陳萬雄（チャン・マンホン）さん（聯合出版集団総裁）も加わり、一層にぎやかになった。この会議の折に韓国の代表的出版人である金彦鎬（キム・オンホ）さん（ハンギル社社長）から、「かつてあなたが出した『西湖案内——中国庭園論序説』（大室幹雄著、岩波書店、一九八五年。「叢書・旅とトポスの精神史」の一冊）を読みましたよ」と言われ、とても嬉しかったことを覚えている。この第二回杭州会議で、第一回会議とあわせて、ＥＡＰＣの恒常メンバーがほぼ確定した。

さて、K・Mさんの話に戻らなければならない。が、その前に触れておきたいことがある。私は退職してすぐ、念願の私的な韓国旅行を立て続けに行った。二〇〇三年六月にソウルとその周辺をめぐり、同年九—一〇月に釜山(プサン)から一週間かけてローカル・バスを乗り継いでソウルまで北上した。翌二〇〇四年一月の寒い時期には再びソウルと近郊で、オンドルの温かさやチゲ料理のおいしさを体験したりした。片言の韓国語しか話せない日本人の私に、韓国の人々は親切に対応してくれた。とりわけ若い人たちは、道を尋ねると必ずといってよいほどに、目的地近くまで案内してくれたものだ。私は三回の一人旅で、韓国人の優しさを実感した。

私の韓国旅行の目的は、かつて日本がこの国に対して行った行為の残滓をこの目で見ることだった。三回の旅行を通して、さまざまな場所で、秀吉の時代以来近代に至るまで、それはいろんな形で確認することができた。植民地主義は近代において世界各地で見られたものだ。しかし隣り合う小さな二つの国が、一つは加害者として、一つは被害者として存在した事実は、加害側の人間として生まれた者にとって、ぬぐい切れぬ重みを持っている。私は三回の旅行を通して知った、韓国の自然の美しさと人々の優しさに圧倒された。そして自問せざるをえなかった。なぜこのような不幸な事態に立ち至らざるをえなかったのか、と。

第三回EAPCは二〇〇六年一〇月にソウルで開かれた。韓国メンバーは金彦鎬(キム・オンホ)、高世鉉(コ・セヒョン)(創批(チャンビ)社社長)、K・M、金時妍(キム・シヨン)(一潮閣社長)、韓喆熙(ハン・チョルヒ)(トルベゲ社社長)、韓性峰(ハン・ソンボン)(東アジア出版社社長)ほかの

2006年第3回東アジア出版人会議(ソウル). 右よりカン・マルクシル, 金彦鎬(キム・オンホ), 龍澤武, 大塚信一.

諸氏というそうそうたる出版人たちであった。充実した二日間の会議の翌日、彼らは他地域のメンバーをソウルとその近郊に案内してくれた。北朝鮮を望むことのできる場所も含まれていた。南北分断の現実を教えてくれたのだ。最後の会食は芸術文化村ヘイリにある金彦鎬さんの「ブックハウス」の地下にあるイタリアン・レストランで行われた。

私はこの会議の発起人の一人なので、金彦鎬さんを中心に加藤・龍澤両氏とともに雛壇に座わらせられた。フルコースの料理と美味なワインに会話は弾んだ。雛壇から見回すと、K・Mさんの姿が目に入った。デザートとコーヒーも終わったので、金彦鎬さんに断わって席を離れ、K・Mさんのところへ行った。K・Mさんは立ち上り手を差し延べて歓待してくれる。彼女の手をとった時に思わぬことが起った。急に私の両眼から涙があふれ出したのだ。理由は分からない。あえて言うなら、私の三回の韓国旅行の体験と南北分断の現実を見せられたことが合わさって、さらにワインの酔いも加わり、感情がたかぶったのかもしれない。

K・Mさんは驚いたと思う。なぜなら彼女には私の旅行の体験など知る由もなかったからだ。しかしK・Mさんは私の手を握り続けてくれた。結局、会話を交わすことなく、私は席に戻った。翌朝、帰国するためにバスに乗ろうとする私に、K・Mさんは「元気を出してください」と朝鮮人参を進呈してくれたのだった。私自身は、この無言の会話がK・Mさんとの相互理解の第一歩だったと思っているのだが、はたしてK・Mさんはどう思っていらっしゃるだろう。

第四回以降の個々の会議について述べることはしない。ただ、回を追うにしたがって、メンバー間の交流と友情は高まっていったことだけは忘れられない事実である。そしてそうした経過のなかで、いつからかK・Mさんは私たち発起人三人のことを「日本の三人のお兄さん」と呼ぶようになった。その後会議以外にも、われわれは度々韓国を訪れることになるが[3]、その度毎に、彼女は三人の兄をさまざまな場所に案内し、おいしい韓国料理を賞味させてくださったのであった。その間にK・Mさんの日本語はどんどん上達し、私たちの目を見張らせるようになった。彼女は一番年長の私を「一番お兄さん」、二番目の加藤さんを「二番お兄さん」、三人の中では最も年下の龍澤さんを「三番お兄さん」と呼ぶようになる。

この往復通信はK・Mさんと「一番お兄さん」、つまり私とのファクス通信の記録(手紙もいくつか含まれているが)である。

注

(1) K・Mさんによれば、この時「事前に了解を得て訪問したので、担当者の方が巨大な図書資料室や経営部(営業部)、宣伝部などを見せてくれました」(第58信、省略部分)という。さらに後年二人の間で何でも自由に話をすることができるようになってから、その訪問時の印象的な場面として、「編集部の職員たちが無言の抗議をしていて、〝現社長反対〟と書いた紙を私たちに見せた人もいました」と話してくれた(同)。

(2) K・Mさんによれば、その時は英語で私に話しかけたようだ(同)。

(3) 特に、東アジアを対象にする国際出版文化賞である「坡州(パジュ)ブックアワード」(Paju Book Award, PBA)を、金彦鎬(キム・オンホ)さんとK・Mさんを中心とする韓国出版人たちが二〇一二年に設立して以来、「三人のお兄さん」の韓国訪問の回数が多くなった。というのは、三人ともPBAで果すべき役割を与えられたからである。具体的には以下の通信に即して述べることにしたい。

なお、北朝鮮との国境近くに位置する坡州(パジュ)市には、一〇〇社を超える出版社や出版関連企業の一大集積地もあり、それは「ブックシティ」の名で親しまれている。近年は、隣接する芸術文化村ヘイリとともに、休日ともなればソウルの若者たちのデートスポットになっている。

I

兄と妹、通信のはじまり

第1信(2009年6月15日)

―第3信(2009年7月3日)

芍薬の花が好きそうな人を思い出しながら　Ⓒ왜그림

第1信　K・MからO・Nへ（手紙）

――2009年6月15日

お会いしたいお兄さん！

お元気ですか？　今度もいらっしゃれないと言われて、残念ながら、お手紙をお書きします。

送ってくださった本[1]はありがたくいただきました。「四部作[2]、ついに完結！」おめでとうございます。いただいてすぐ、序章「物語のはじまり」と第一章の2、3、終章の4、5、あとがきから読みはじめて、あちこち目を通しました。

河合隼雄先生の著書の中で『ファンタジーを読む』と、遺作になった『泣き虫ハァちゃん』を読んだことがありますので、特に先生の幼い時についての部分が気になりました。お兄さんと先生の親しい関係が本の中にも流れていて感動的でした。

お兄さんの第一印象が表現されている部分が面白かったです。「長髪の好青年」。その姿を見たことはないのに、十分、想像できて一人でこっそり笑いました。

韓国の東アジア出版人会議は中国の会議以来、多少揺れがあったのですが、すぐ回復して皆一生懸命がんばっています。「東アジア100冊の本(3)と全州(チョンジュ)会議(4)」についての提案書を関係機関にわたしましたし、関係者たちとのミーティングも約束しておきました。結果を期待しています。韓国の問題のせいで龍澤お兄さんまでわざわざ韓国におこしくださり、ご迷惑をおかけして申し訳ありません。二〇日の小委員会は、大塚お兄さんがいらっしゃると思って、わが家で集まるつもりでしたが、とても残念です。でも、いつかはわが家でまた会えると期待しております(5)。

韓国の天気は、朝夕には少々涼しい反面、昼間は夏のように暑いです。わが町は田植えが終わったばかりですから、繁忙の時はすぎました。わが家のとても小さな畑には、チシャ、トウキ（私が大好きな）、山ニンニク、ピーマン、カボチャの花が咲いているし、実もなりはじめています。キュウリとヘチマにはつるがのびています。毎日朝晩、野生の花と木、また野菜を直接育ててみると、心の中で必要ない感情のかすが離れていく気がします。お兄さんもたぶん、古い木材にかんなややすりをかけながら、こんな気持ちになるんだろうと思いました(6)。

体に気をつけて……。お目にかかる日を待ちながら……。

二〇〇九年六月一五日

妹、맑실［マルクシル］より

追伸　わが町の周辺にはカモやシラサギやアオサギやクロツラヘラサギ（世界的な保護種）をは

じめとして、水鳥と森の鳥がたくさんいます。それでカモとミミズクの声音の出る笛をお送りします(分からない単語は辞書を引きながら、この手紙を書きました。どうですか。すごいでしょう^^)。

注

(1) O・N著『河合隼雄 心理療法家の誕生』トランスビュー、二〇〇九年。

(2) O・Nの右の著作と、それ以前の『理想の出版を求めて』(二〇〇六年)、『山口昌男の手紙』(二〇〇七年)、『哲学者・中村雄二郎の仕事』(二〇〇八年、いずれもトランスビュー刊)の三冊を合わせた四部作。

(3) EAPCで議論を重ね、東アジアにおける重要な人文科学の著作一〇〇点を選んだもの。中国・韓国・日本各二六冊、台湾一六冊、香港六冊からなる。中国語・韓国語・日本語版が刊行された。日本語版は、東アジア出版人会議編『東アジア人文書100』(みすず書房、二〇一一年)である。

(4) 二〇〇九年一〇月に全羅北道全州市の国立全北大学で開かれたEAPC第九回全州会議のこと。

(5) K・Mさんは江華島(カンファド)に家を新築した折に、O・N夫妻を招待してくれた。しかしその時には都合がつかず、互いに残念な思いをした。

(6) O・Nは退職後、茨城県つくば市で古民家再生支援の仕事を始め、古材・古建具の収集や販売を行っていた。

2009年第8回東アジア出版人会議(中国・麗江).右より大塚信一,金時妍(キム・シヨン),カン・マルクシル.奥に加藤敬事.

【解説】

この第1信は、二〇二〇年七月に新たに発見された手紙である。O・Nの四部作についてのK・Mさんの言及からすると、私たちは第三回EAPC会議以降も頻繁に連絡しあっていたことが分かる。少なくともK・MさんはO・Nの既刊書三冊を手にしていた。

最初の『理想の出版を求めて』は金彦鎬(キム・オンホ)さんの手で早くも二〇〇七年に韓国で韓国語版がハンギル社から発売されていた。金彦鎬さんは韓国語版発売記念の盛大なパーティを、ヘイリのブックハウスで開いてくれていた(その折にはK・MさんをはじめとしたEAPCの韓国メンバーがお祝いにかけつけてくれた)し、その翌日にはソウルで大規模な記者会見を開いたので、新聞各紙が取り上げてくれ、いくつかの放送局も報道した。

私がK・Mさんに本を送る時には手紙を同封しただろうし、K・Mさんも受領した旨の手紙をくれていたはずである。しかし、それらは残念ながら残っていない。

次の第2信でK・Mさんが初めてファクスを送ってくれ、それ以後ファクスによる通信が定着する。ファクス通信に関しては殆んどもれなく残っているだけに、それ以前の手紙が一通しか残っていないのは、何とも残念なことである。

［O・N］

大塚先生と手紙やファクスをいつからやり取りし始めたのかは定かではない。しかし、現在残っている手紙やファクスを見れば、私が先生に小包と一緒にお送りした二〇〇九年六月の手紙が最初のようで、二〇一二年から活発にファクスを交わしたことは確かなようだ。

二〇〇七年一一月一〇日、韓国で翻訳出版された先生の『本で探すユートピア』(『理想の出版を求めて』の韓国語版)に、先生が「K・M様　お兄さんより愛する妹へ　二〇〇七年一一月二〇日」とサインして送ってくださった本をいただいたので、私もお礼の手紙を出しているはずなのに、それも残っていなくて残念だ。しかし、その時に取り交わしたお互いの気持ちだけは十分に推察することができて、嬉しい。(第58信、省略部分)

［K・M］

第2信　O・NからK・Mへ

――2009年6月18日

K・M様

日本語のお手紙と、カモとミミズクの笛をありがとうございます。わが愛する妹の日本語の上達ぶりには感嘆しました。これなら次回の会議の通訳はK・Mさんにお願いすればよいですね。

拙著『河合隼雄 心理療法家の誕生』をさっそく読んでくださってありがとうございます。河合さんの生まれた篠山(ささやま)という所はとても素晴しい所です。機会があったら、ぜひ一度お訪ねになると良いと思います。

せっかくのお誘いなのに、K・Mさんのお宅にうかがえず、恐縮に存じます。近い将来に美しいお庭を拝見できれば、と楽しみにしています。

とり急ぎの御礼まで。

二〇〇九年六月一八日

O・N

[解説]

この第2信と次の第3信もつい最近(二〇二〇年七月)発見された。今回はK・Mさんが発見してくださった。彼女のファクス(第58信)によれば、私が第1信を発見したのを知ったので、念のために自分の保管資料を探したところ、右の二つの通信を見つけたということだ。

［O・N］

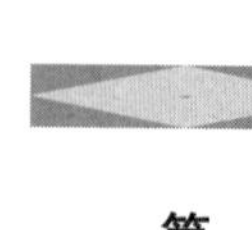

第3信　K・MからO・Nへ

——2009年7月3日

大塚お兄さん！

さっそくのご返事、本当にありがとうございます。書いてくださったように、いつかは河合先生の生まれた篠山に行ってみたいものです。素敵そうですね。

ＥＡＰＣの小委員会は順調に終わり、成果もありました。わが家で会議した土曜日には一日中雨が降っていたので、庭で昼食をとりながら話をするのが大変でした。でも、その雨が米や野菜には優しい雨だろうなと言いながら、皆さんは雨を楽しんでくれました。会議は午前一一時から午後六時まで続きました。お兄さんがいらっしゃったらもっと早く終わったんでしょうね^^　いらっしゃったら皆がどんなに喜んだろうなと思いました。

今朝、わが家の小さい畑で初めて実ったキュウリと唐辛子をもぎ取って食べました。世界中で一番おいしいキュウリと唐辛子でした。

七月八日、日本に参ります。東京国際ブックフェアの参観と北アルプス登山のための旅行です。龍澤先生にも申し上げましたが、七月九日午後六時頃のご都合はいかがですか。よかったら、ぜひ、お顔を見せていただきたいのですが(1)……。

韓国はいま梅雨時なので、雨が降ったり止んだりしています。日本はどうですか。

お身体に気をつけて……。

二〇〇九年七月三日

K・M拝

注

(1) 当日は新宿歌舞伎町の居酒屋で、一〇名ぐらいの韓国グループと加藤・龍澤・O・Nが会い、大いに盛上った。

II

韓国発、出版人が選ぶ出版賞

第4信（2011年12月22日）
—第24信（2012年11月2日）

田植えの途中の休み時間　Ⓒ왜그림

第4信　K・MからO・Nへ

——2011年12月22日

大塚先生!

最高の会議を明治大学でできるようにしてくださり、(1)もう一度感謝の言葉を申し上げます。

先日韓国メンバーの忘年会がありました。そこでも今回の明治大学の会議が最高だったということが話題になりました。こんな貴重な機会をつくってくださった大塚先生をはじめとして、会議の準備と進行に大変なご苦労をなさってくださった方々のことを考えると、感謝の気持ちでいっぱいです。

先生の貴重な本は、(2)いただいてすぐに私が目を通しました後、人文チームに詳しい検討を任せました。私は本を読んだとたん、心の中で韓国語の出版を決定しましたが、わが社は社長の決定よりは社員たちの自発的な決定を優先しておりますから、出版決定を待っていました。

何よりも人間は火を大事にすることによって、家族と社会を作り上げてきました。しかし今日、共同体が崩壊しつつあるのは、私たちの周囲から自然の火がなくなっているゆえではないかという先生の考えに、私は大きな共感を覚えました。また人間は火を自分の生活の便宜のために活用して文化(反自然)を得ましたが、獲得した火はまさに自然(反文化)だという逆説に対しても深く考えるようになりました。

一番お兄さんのご力作をわが社で出版できるようになって、本当に嬉しいです。平凡社と相談しながら新しい図版とヴィジュアル資料をもっと入れて、本の大きさもちょっと拡大したいです。来年の末ごろに出版できないかなと思っております。

韓国読者のための先生の前書きが必要な時点になれば、お知らせいたします。

二月に、北京でお目にかかれること[(3)]を願っています。

二〇一一年一二月二二日

マルクシル拝

注

(1) EAPC第一二回東京・明治大学会議(二〇一一年一二月一-二日)のこと。当時、明治大学教務担当理事(後に学長)の土屋恵一郎氏とO・Nが旧知の間柄だったので、明治大学とEAPCの共催を依頼し、実現した。

(2) O・N著『火の神話学——ロウソクから核の火まで』平凡社、二〇一一年一〇月。

(3) 二〇一二年二月一七日、EAPC北京工作会議での再会のこと。

第5信　O・NからK・Mへ

――2011年12月23日

K・M様

嬉しい報せをありがとうございました。

拙著『火の神話学』の韓国語版をサケジョル社から刊行していただけるとは、まさに夢のような話です。現場の編集者たちの自発的な意志を重んじるK・M社長が率いる素晴しい出版社・サケジョル社の刊行物に私の本を加えてくださるとは、これ以上光栄なことはありません。何卒よろしくお願い申し上げます。

今朝は東京でも冷え込みました。坡州(パジュ)(1)のあの張りつめた朝の冷気を思い出しながら、そしてK・Mさんのお顔を思い浮かべながら、このファクスを書いています。

足かけ七年という時間をかけて、K・Mさんをはじめとする韓国の傑出した出版人の皆様(2)と親しくなれたことは、私にとって生涯の宝物になりつつあります。その意味からも、心からの御礼を申し述べたく思います。

今後ともよろしくお付合いいただけますように。
よい新年をお迎えください。最愛の妹へ！

二〇一一年一二月二三日

O・N

2011年第12回東アジア出版人会議(東京)の鎌倉ツアー．右からカン・マルクシル，渡辺英明(筑摩書房)，安熙坤(アン・ヒゴン)，鄭恩淑(チョン・ウンスク)，大塚信一，韓性峰(ハン・ソンボン)．

注

(1) 北朝鮮との軍事境界線に隣接している坡州(パジュ)市にある、一〇〇を超える出版社の集結地・ブックシティについてはすでに書いた。サケジョル社もそこにある。外国からの訪問者は、ブックシティの中心にあるホテル・紙之郷(チジヒャン)に宿泊する。会議もそこで行うことが多い。私はこのホテルに泊った翌朝は必ず、朝食前に創批(チャンビ)社やサケジョル社の前を通って、ブックシティの境界まで散歩することにしている。

(2) 改めて列挙すると、K・M、金彦鎬(キム・オンホ)、韓喆熙(ハン・チョルヒ)、金時妍(キム・シヨン)、韓性峰(ハン・ソンボン)、鄭恩淑(チョン・ウンスク)(心の散歩道社社長)、安熙坤(アン・ヒゴン)(四月の本社社長)、それに韓敬九(ハン・キョング)(ソウル大学教授、一潮閣顧問)、林慶澤(イム・キョンテク)(全北大学教授)などの諸氏である。

第6信　K・MからO・Nへ

――2012年1月5日

大塚お兄さん!!

あけましておめでとうございます。今年も計画なさった仕事が順調に進むようにお祈りいたします。

このところ坡州(パジュ)は冷え込んでいます。明日が小寒ですから、小寒が自身の寒さをすっかり見せてくれているようです。

先生の温かいファクス、ありがとうございました。その後ご無沙汰いたしまして、まことに申し訳ございません。

昨年末に会社の仕事が終わってから、演劇のリハーサルをして楽しく過ごしました。「ばかもの女神」の話でしたが、私は「ばかもの女神」の友だち、軽率と快楽の二女神役を演じました。軽率と快楽を表わす私の話しぶりを観客が面白がりました。

東アジア出版人会議がなかったら、先生にも会えなかったでしょう。ですからEAPCは私にとって、貴重で素晴しい贈り物のようなものです。

今年もどうぞよろしくお願い申し上げます。

二月に北京でお目にかかりましょう。

二〇一二年一月五日

妹マルクシル拝

第7信　O・NからK・Mへ

――2012年1月5日

K・M様

電話で元気なお声を聞かせてくださり、ありがとうございました。今年がK・Mさんとご家族、そしてサゲジョル社にとって実り多い年になるようにお祈り申し上げます。

昨年末には、ドラマで軽率と快楽の二女神役を演じて喝采を博されたとのこと、素晴しいですね。

K・Mさんのお姿が目に浮かびます。

イタリア演劇のコメディア・デラルテに登場するアルレッキーノや日本の狂言に出てくる太郎冠者、あるいはギリシア神話のヘルメス神*など、いたずらや放蕩ばかりしているキャラクターこそ魅力的ですからね。

でも観客の皆さんが喜んだのは、K・Mさんが、本当は軽率と快楽とは正反対の方だからこそ、面白く感じたのだろうと思います。機会があったら小生もK・Mさんの熱演ぶりをぜひ拝見したいものです。

今度は北京でお会いできれば幸いです。

寒さ厳しい折、どうかご自愛くださいますように。最愛の妹へ！

二〇一二年一月五日

O・N

＊三〇年前に小生が創刊した雑誌『季刊　へるめす』はここからきています。

第8信　K・MからO・Nへ

――2012年2月20日

大塚先生！　加藤先生！　龍澤先生！　董秀玉（ドン・シュウユー）先生！　林載爵（リン・ツァイツェ）先生！　馬（マ）さん(1)、林（リン）さん(2)

今回の会議(3)は一日だけでしたが、今後の東アジア出版人会議の重要な仕事の基礎を固めることができた会議だったと思います。今回の会議のために前から議論の細かい点に至るまで準備をなさってくださった林載爵先生、董秀玉先生(先生の贈り物、本当に素晴しかったです)、日本の先生方に感謝いたします。

また宿舎だけではなく、毎日おいしい料理やお酒をご提供くださった四川教育出版社も、本当にありがとうございました。

特に韓国側の仕事であるアジア出版賞(4)のために時間を作ってくださり、感謝を申し上げます。私のまだ下手な日本語にもかかわらず、素晴しく上手に通訳をなさった馬さんと林亜萱（リン・ヤーシュアン）さん、感謝します。韓国側は会議の準備も熱心にしなかったし、会議中でもまじめにしなくて(私たちの仕事のアジア出版賞を議論することにしていた時間にすら出席しなかったことなど^^)申し訳ございませんでした。

今回私が申し上げた内容を整理いたします。

まずアジア出版賞第一回会議の日程は、先日決めたとおり、以下の如くです。三月一日(木)に韓国に入国、二日(金)に会議、三日(土)帰国(会議日程をこんなに急いで決めてしまい、ごめんなさい。とりわけ三月五日にアメリカに出張なさる龍澤先生には無理な日程ですのに……)。

第一回会議の議題は以下のとおりです。

1　賞の名称

2　組織体制

韓国側の意見

共同組織委員長：大塚先生、董秀玉先生、金彦鎬(キム・オンホ)さん。ほかに一名を日本や中国で推薦してください。

審査委員：加藤先生、龍澤先生、林載爵先生、韓国人三人、ほかに一名ご推薦ください。

3　授賞の分野

4　賞金と授賞の形式

5　今後の進行予定

三月二日　第一回会議。

三―四月　各分野で推薦された書目の目録について、全委員でメールをやり取りする。

五月　東京会議で最終決定。

六月中旬　プログラムと詳しい日程が確定後、受賞者たちに知らせる。

6　受賞者と全委員が参加して進行できるプログラムを決めること

7　賞の質を高めて、賞の信頼性と公正性を保てる方法

8　アジア出版賞の授賞式とプログラム進行の日程。坡州（パジュ）ブックソリ(5)の日程（九月一五―二三日）に合わせて決めること

以上

飛行機の予定が決まれば、お知らせください。よろしくお願いします。またご連絡いたします。

追伸　大塚先生！　突然ですが、公式的な手紙をまずお送りいたします。今回の会議で先生にお目にかかることができて、本当に嬉しかったです。いつもいろいろ経験不足な私を温

かく理解してくださって、心強いです。会議から戻るたびに反省しています。

妹マルクシル拝

注

（1）中国の馬健全（マ・キンツイン）女史のこと。ＥＡＰＣの最初から中国側の連絡係・通訳として活躍。フランス留学や日本での研修など豊富な体験があり、ＥＡＰＣの全員から信頼されている。Ｏ・Ｎ著『理想の出版を求めて』中国語版の訳者（楊晶（ヤン・ジン）女史との共訳）。著名な装幀家・陸智昌（ロッ・チーツン）氏は馬さんのご夫君。ちなみに右の本の簡体字版（次信の注1参照）の装幀もしていただいた。

（2）台湾・聯経出版社編集部員の林亜萱（リン・ヤーシュアン）さんのこと。日本語が上手な女性で、右の『理想の出版を求めて』台湾版の編集者。

（3）二〇一二年二月一七日、北京で行われたＥＡＰＣ北京工作会議のこと。

（4）坡州（パジュ）ブックアワード（Paju Book Award）のこと。この時点ではまだ正式名称が決まっていなかった。

（5）毎年、ブックシティで秋に一週間開催される本の祭典。さまざまな催し物が行われ、多くの観客が訪れる。

［解説］

坡州（パジュ）ブックアワード（ＰＢＡ）の誕生に関わる重要な通信である。この賞の運営に関しては、金彦鎬（キム・オンホ）さんとＫ・Ｍさんが中心となり、その他にＥＡＰＣとは直接関係のない韓国出版人メンバーも数人加わっている。財政的にもPBAは坡州市の強力な支援を受け、EAPCとは別個の組織である。しかしPBAは、EAPCのこれまでの経験と蓄積をうまく活用している。とりわけ人的構成については、両者が重なるところが多い。

PBAの持つ重要な意義や、その運営については、以下の通信において具体的に触れられることになるだろう。

［O・N］

第9信　O・NからK・Mへ

——2012年2月20日

K・M様

ファクスと電話をありがとうございます。メールを使わないので、小生だけがK・Mさんと直接話ができるという特権を持っていることになります（お手数をおかけして申し訳なくは思っているのですが）。

三月一日から三日の韓国行きは諒解しました。飛行機の時間は龍澤さんが連絡してくださると思います。

またK・Mさんはじめ、韓国の皆様にお会いできるのは、本当に楽しみなことです。今回の北京では、汪家明(ワン・ジャンミン)さん[1]と会い元気な姿を見ることができて、安心しました。私たちの仲間が一人でも欠けるのは、悲しいことですからね。

拙著『火の神話学』の韓国語版について、いろいろとご配慮くださり、あつく御礼申し上げます。機会があれば、ぜひ担当編集者と翻訳者をご紹介いただけませんか。よろしくお願いします。

なお、この本のインタビュー記事が共同通信社の配信で全国の地方新聞(二〇社ぐらい)に掲載されましたので、ご参考までにお届けします[2]。

では三月一日に！　愛する妹へ。

二〇一二年二月二〇日

O・N

注

(1) 三聯書店元副総経理の汪家明(ワン・ジャンミン)さんのこと。この時点では、中国人民美術出版社総経理。児童書や挿絵の研究者としても知られる。著書多数。後にO・N著『理想の出版を求めて』簡体字版(『我与岩波書店——一个編輯的回想　一九六三—二〇〇三』三聯書店、二〇一四年)の特約編集者。

(2) 一例として『南日本新聞』二〇一二年一月一五日掲載の記事、〝ページの余白〟「不思議な働きに迫る

――『火の神話学』の大塚信一さん」を以下に引用する（写真、著者紹介他は省略）。

中村雄二郎さん、河合隼雄さん、山口昌男さんら文化人と協力し、優れた書物を世に送り出してきた元岩波書店社長の大塚信一さん。本書では神話学や民俗学、芸術などの諸領域を横断、「火」の意味を考察している。

大塚さんが、火に関心を持ったのは「いろりを囲む人たちが、ついつい自らの体験を語ってしまうのを不思議だなと思ったことがきっかけ」。

古民家が好きで、二〇年近く前、茨城県つくば市の古い農家を手に入れ、もともとあったいろりを復元した。まきが燃えるのを見ながら、食事し、酒を飲んでいると、夢でうなされることもあるほどの戦争体験を告白する人が出てくる。大塚さんは「炎が意識の中に眠っているいろいろなものを揺り動かす」とみる。

いろりや、かまどが異次元世界への入り口とされるなど火を使う場所には平板でない深みのある世界が広がっている。大塚さんは古今東西の書物や文献などをひもとき、火の持つ不思議極まりない働きに迫った。

「火は人間に優しさ、親しみやすさを感じさせる。家族や共同体の形成に火が大きく関わったからだろう」。自宅にいながら炎の揺らぐのが見られる「まきストーブ」がブームなのも、その現れの一つだと考える。

一方で、火は時に人間に牙をむき、制御できない恐ろしい姿を見せる。火には「恩恵と脅威」という二面性があるのだ。大塚さんは、そのことを福島の原発事故で実感した。本書を三分の二ほど書いたところで事故は起きた。それ以降、「火を制御することがいかに難しいか」を説明することにテーマを据えた。

「『原子炉』や『原子の火をともす』など、火と関連づけた表現をするのも、原子力発電が『核という火』であり、科学技術の粋を集めた巨大な『火』と認めている証拠である」と指摘する。

人間の情念も、理性で制御できないが故に、よく「火」に例えられる。「それは人間が人間であるための重要な要素でもある。人間は多次元的な存在であり、常に深淵に直面していることを火は教えてくれる」と語る。それは、中村さん、河合さん、山口さんが投げかけたメッセージでもあるという。そうした意味からも、大塚さんは「火を忘れるな」と訴える。

第10信　O・NからK・Mへ

――2012年3月5日

K・M様

今回は（いつもそうですが）、大変お世話になり、ありがとうございました。貴重なお時間を使っていただいただけでなく、多大の出費をおかけしてしまい、恐縮いたしております。

坡州（パジュ）ブックアワードは、K・Mさんのご努力と韓国メンバーのご尽力によって、内容のある素晴しい賞になることを確信しています。同時に、韓国からの文化発信への皆様の強い意志に敬意を表したく思います。小生も、わずかながらでもお手つだいできて光栄に存じます。

鴨の湯（タン）や最後の日の韓式の食事は最高でした。韓国の伝統的料理の素晴しさが、K・Mさんのおかげで、少しずつ分かってきたように思います（タンとチゲの違いについてのご教示(1)、よく腑に落ちました）。

また趙健衡（チョ・コンヒョン）さん(2)をご紹介くださり、ありがとうございました。韓国の若い編集者と友人になれるのは、何より嬉しいこと、趙さんによろしくお伝えいただけますように(3)。

以上とり急ぎ、心からの御礼ばかりにて。五月に東京でお会いできるのを楽しみにしています。

最愛の妹へ！

二〇一二年三月五日

日本の長兄　O・N

注

（1）タンは、鶏（参鶏湯（サムゲタン））や牛の足（牛足湯（ウジョクタン））、または大きな魚などを長時間煮込んだもので、具が多く汁の少ないスープ。チゲは、土鍋や小さな鍋に汁を十分にとって肉・魚・野菜・豆腐などを入れ、しょう油・ミソ・コチュジャン・塩辛などで味つけして煮込んだおかず。〔K・M〕

（2）サケジョル社の編集者。次信でさらに説明がある。

（3）EAPC第一三回東京外国語大学会議のこと。

第11信　K・MからO・Nへ

――2012年3月12日

大塚先生！

おもどりになってすぐ送られたファクス、ありがとうございました。温かい内容でしたから、私の心も暖かくなりました。

三人の先生とのデートは私一人だけ享受する特権のようですから、いつも胸が弾むし、楽しいです。今後はもっと面白いおいしい新たなところにご案内できるように、なお一層研究したいと思っています。

坡州ブックアワードのことに対しては、勇気を奮いたたせてくださって、心強いです。坡州はこの頃、花冷えとなっています。でも、春が来ていますので、心の余裕ができそうです。

わが社の人文チーム長の趙健衡は先生にお会いした時には、はにかんでお話をあまりできませんでしたが、まじめで落着いた性格で仕事をよくする編集者です。先生の本の翻訳が終わり次第、先生にいろんな質問をするはずです。趙と私がいっしょに日本に行き、先生にお目にかかる機会を作りたいと思います。

東アジア出版人会議というネットワークがますます固まってきて、その力が広がってくるのを感じて、いつも日本の先生方に感謝する心を持つようになりました。はじめてEAPCを企画し、何もない状態で五地域の確固としたネットワークをお作りになったことは、本当に素晴しいことだったからです。

坡州ブックアワードのことでまたご連絡いたします。

最愛のお兄さんへ！

二〇一二年三月一二日

妹マルクシル拝

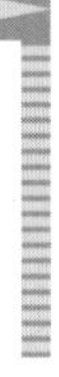

第12信　K・MからO・Nへ

――2012年6月22日

大塚先生！

お元気でいらっしゃいますか。

先日はそれぞれ違う会議があったので、日本の先生方は他の会議の時よりも、とてもたいへんだった(1)と思います。どんな会議でもおろそかにせず、完璧に準備してくださって、本当にありがとうございました。

特に坡州(パジュ)ブックアワードの最終選定会議を成功裡にすませるようにいろいろ配慮してくださり、心から感謝申し上げます。

私にとっては、ＰＢＡ最終選定会議の結果は驚くべきものでした。三〇冊以上の本の中で四冊のみを選ぶのはとても難しいので、難関があるはずだと予想していました。

しかし、予想とは違って、皆さんの心がお互いに通じてよく取りまとめられたので(2)、本当に嬉しかったです。東アジア出版人会議の底力をもう一度実感できた会議でした。

私だけ先に帰りまして、申し訳ございませんでした。長男の嫁ですのでいろいろあって、自由にできない場合が時々あります。おかげさまで家族の行事は無事に終わりました。

そしてお願いがあります。韓国の進歩的なインターネットメディアの中で二位の『プレシアン』(Pressian)というネット新聞があります。その新聞のブックセクションが三年前から、毎週土曜日に掲載されています。今年の七月にそれが一〇〇回を迎えることになります。それを記念して、今年一〇〇年になった出版関連会社を取材したがっています。出版社の中では岩波書店を取材したいそうです。

という次第で、岩波書店の一〇〇年の歴史について愛情と責任感をもって取材に応じてくださる岩波書店の方を紹介していただけませんか。『プレシアン』の担当者がその方に直接連絡して、日程など相談することになるでしょう。

『プレシアン』の白楽晴（ペク・ナクチョン）先生との対談記事が、岩波書店の『世界』に二、三回掲載されたこともあるそうです。よろしくお願いいたします。

最愛のお兄さんへ！

二〇一二年六月二二日

妹マルクシル拝

注

（1）ＰＢＡ最終選定会議（五月二三日）、ＥＡＰＣ第一三回東京外国語大学会議（五月二四―二五日）が続いたこと。

（2）第一回ＰＢＡ（二〇一二年）受賞者は左のとおり。

著作賞　銭理群（チェン・リーチュン）『毛澤東時代和後毛澤東時代』聯経出版社、二〇一二年（台湾）

企画賞　王汎森（ワン・ファンセン）『中国史新論』全一〇巻、聯経出版社、二〇〇八―一二年（台湾）

ブック・デザイン賞　陸智昌（ロッ・チーツン）（中国）

特別賞　平凡社「東洋文庫」（日本）

第13信　Ｏ・ＮからＫ・Ｍへ

――2012年6月22日

Ｋ・Ｍ様

ファクスをありがとうございました。外語大会議は皆様のご尽力のおかげで成功裡に終わり、一安心しました。私たちこそ皆様に心から御礼申し上げなければなりません。

ＰＢＡも素晴しい内容の書物が選定され、これならばこの賞に対する評価は必ずや高いものになると確信しています。来年こそ韓国の候補作品がたくさん出てくることを期待しています。『プレシアン』の取材は大変ありがたいことです。さっそく岩波書店の小島潔君(取締役編集局部長)に連絡をとり、了解を得ました。今後は直接、小島君に接触していただければ幸いです。彼の連絡先は以下のとおりです。[省略]

以上、とり急ぎご返事まで。

最愛の妹へ！

二〇一二年六月二二日

Ｏ・Ｎ

第14信　K・MからO・Nへ

――2012年8月24日

大塚先生！

三五度を過ぎる蒸し暑さが続いていましたが、いつのまにか朝夕涼しい風が吹いて、秋の香りを感じるようになりました。今年のひどい暑さにいかがお過ごしでしたでしょうか。

先生のおかげで『プレシアン』の一〇〇回特集インタビューはうまくいったそうです。山口昭男社長が直接インタビューに応じて、貴重なお話をたくさん聞かせてくださいました。『プレシアン』の記者が先生の本『理想の出版を求めて』を前もって読んで、本の内容を所々言及したり、たくさん参考にしたようです。

感謝のご挨拶が遅れましたが、心から御礼を申し上げます。

今年の夏は坡州（パジュ）ブックソリとＰＢＡの仕事で忙しいのに、楽しくしております。東アジア出版人会議という貴重な付き合いが大きな力と原動力になりつつあります。

それと先生の本は翻訳が終わって校正が進行しております。図版も日本の原著作者たちと連絡しながらまとめております。本は一〇月中に出版される予定です。

先生の韓国語版の前書きは、坡州ブックソリにいらっしゃる時にいただけると本当にありがたいです。その時うちの人文チーム長とともに先生とお目にかかる場を設けて、話し合いたいです。

ブックソリの時にお目にかかるのを楽しみにしております。

二〇一二年八月二四日

マルクシル拝

第15信　O・NからK・Mへ

――2012年8月24日

K・M様

ファクスをありがとうございました。それから久しぶりにK・Mさんの元気そうなお声を聞くことができて、とても嬉しいことでした。

『プレシアン』のインタビューはうまく運んだようでよかったですね。記者の方が拙著を読んでくださったとは光栄至極なことです。

「ブックソリとブックアワードの両方の仕事でとても忙しいけれど、楽しくしています」――いかにもK・Mさんらしいお言葉なので、つい頬がゆるんでしまいました。二つの行事のご成功をお祈りいたします。

拙著『火の神話学』韓国語版について、いろいろとご配慮くださり、あつく御礼申し上げます。「韓国語版序文」は遅くともブックソリの時にはお渡しします。できればその前にまとめて、ファクスでお送りしたいと思います。というのは拙稿についてK・Mさんのご意見をぜひ聞かせていただきたいからです。

ではまたご連絡を差し上げます。

最愛の妹へ！

二〇一二年八月二四日

O・N

第16信　O・NからK・Mへ

――2012年8月27日

K・M様

『火の神話学』の韓国語版序文[1]を書いてみました。例によって手書きの原稿で申し訳ありません。以下の点について貴女のご意見をお聞かせいただければ幸いです。

①序文としては長すぎないか。

②内容的に問題がないか。
③表現上、変更した方がよい個所がないか。
④その他。
十分時間がありますので、わが愛する妹の意見に従って書き直すことができます。ご多忙中恐縮ですが、ご返事をお待ちしています。

二〇一二年八月二七日

O・N

注

（1） 別紙原稿、以下のとおり。

韓国語版序文

私にとって、この韓国語版序文を書くことは、何よりも嬉しい出来事である。なぜなら文化の交流とは、異文化に対するお互いの理解を、具体的に一歩一歩進めていく以外に方法がない、と信じるから。また今回このような機会を与えられたことを私は本当にありがたく思う。その理由を以下に記すことにしよう。

私はこの本を日本人のために書いた。というのは、日本人が火を忘れかけているからだ。

火は人間に多大の恩恵を与えてくれるものであり、科学・技術の発展はそれを最大限に活用することによって、輝かしい現代文明を築いた。その結果、皮肉なことに日本人の日常生活から火はほとんど姿を消そうとしているかに見えた(つい五十年前まで、日本人は煮たきをはじめ、火に頼って生活していたのに)。

ちょうどその時に、「3・11」(二〇一一年三月十一日に起った東日本の大地震と大津波、それによる福島の原子力発電所の大事故)が日本列島を襲った。原子力発電所(原発)を稼動させている「核の火」が暴発したのだ。核の火は、原発周辺の非常に多数の人々の生活を奪っただけでなく、少くとも百年間はこの地域での人間の生存を不可能にしてしまった。しかもなお、福島原発の核の火はいまだに人間の制御の下には入っていない。いつまた暴発するか分からないのである。

愛とか憎しみといった人間の情念は、いつも火の比喩で語られてきた。例えば〝燃えるような恋〟とか〝身を焦がす嫉妬〟というように。なぜなら、火が簡単に制御できないように、情念は理性によって抑制できるものではないからである。

しかし、日本人は核の火を制御可能だと思い込んでしまった。あるいは、思い込まされてきた。核の火を制御するためにはとてつもなく膨大な費用が必要である。どんな大企業であれ、利益を追求する組織である以上、完全な安全性を求めるなら原発はまったく割に合わないはずである。そのことに私たち日本人はようやく気がつき始めたのだ。

つまり、私は日本人に、火は大きな恩恵を与えてくれたが、同時に簡単に制御できるものではないことを知ってもらいたいと考えて、この本を書いたのだった。したがって本書であげられている事例のほとんどが日本のものである。

ところが驚くべきことに、韓国の心ある出版人は、本書日本語版の刊行後まもなく、私の日本人に向けたメッセージを、現代に生きるすべての人間へのメッセージと読み換えて、韓国語版の刊行を申し出てくださったのである。しかも、韓国語版をつくるに当っては、韓国の事例や写真、注を加えることによって、より説得力のある本を編集したいとのことであった。

私はこの申し出を聞いて、正直なところ最初は驚き危惧の念を抱いたが、韓国語版の周到な編集の姿勢を知るに及んで、深く感動せずにはいられなかった。同時に、本を出版することの意味についても、改めて考えさせられた。本はある一つの国の人々のためのものではなく、人間すべてのためのものであるということを。それを韓国の一人の出版人が教えてくれたのである。

サケジョル出版社のカン・マルクシル社長とは、過去十年来、東アジア出版人会議でご一緒してきた。彼女の飾らぬ人柄は会議のすべての人に愛されている。もちろん私もその一人である。今回、彼女の真摯な提案を受けけて、私は彼女の出版に対する大きな志を知ることができた。深く感謝申し上げるとともに、心からの敬意を表したく思う。

また韓国語版を実現するに当って、さまざまなご配慮を頂戴したサゲジョル出版社編集部の趙健衡（チョ・コンヒョン）氏にもあつく御礼申し上げる。

最後に、本書がカン・マルクシル社長の期待に応えて一人でも多くの韓国の読者に迎えられることを、そして韓日の文化交流にほんの少しでも貢献することを、心から願って止まない。

二〇一二年九月　東京にて

大塚信一

第17信　O・NからK・Mへ

――2012年9月20日

K・M様

いつものことながら、昨日は大変ごちそうになりました（しかも大人数で）。本当に美味な食事で舌鼓を大いに打った次第です。ご配慮に深く感謝いたします。

まず坡州（パジュ）ブックアワードの大成功を心からお祝い申し上げます。思えば、韓‐日、中‐日の間で政治的にギクシャクしているこの時期に、このような国際的イベントが実現できたことは、どんなに高く評価しても評価しすぎるということはありません。金彦鎬（キム・オンホ）先生、K・Mさんはじめ韓国の皆様のご努力に心から敬意を表します。

それから拙著『火の神話学』の韓国語版について、K・Mさん、陳承佑（チン・スンウ）さんが実によく見てくださっているので大感激です。しかも丁寧な編集作業で、これなら日本版よりよい本になることが確実です。それにしても〝宇宙項〟の件は何ともお恥ずかしいことですが、誤りを発見してくださったことに御礼申し上げます。また、ガモフがフリードマンについて学んだ大学も〝レニングラード〟の方が正確です。ペテログラードは一九二四年には、レニングラードと改称されていますので。この点についても、陳さんに心より御礼申し上げます。

韓国語版の出版を首を長くして待っています。そしてこの小さな本が韓‐日の文化交流の一つの証しとなることを願わずにはいられません。

東京に帰って新聞やTV報道を見るにつけ、私たちのEAPCがどんなに大切な組織であるか、改めて深く考えさせられました。そして私たちの友情に優るものは何も存在しない、と思わずにはいられませんでした。

もし一〇月に東京でお会いできるなら、こんなに嬉しいことはありません(ただし、絶対に無理はなさらないでください)。

以上とり急ぎの御礼と改めてのお祝いばかりにて。愛する妹へ！　陳さんにもどうかよろしくお伝えください。

二〇一二年九月二〇日

O・N

注

（1）次信も参照のこと。

第18信　O・NからK・Mへ

——2012年9月23日

K・M様

度々おさわがせして申し訳ございません。

ご指摘いただいた拙著冒頭のアインシュタインの「宇宙項」について再度確認したところ、下記のような結論を得ました。

（1）拙著の記述（p15、4行目）は誤まりではない。

（2）ただ、ご指摘のように、次頁（p16）の8～9行目の文章との関係が分かりにくい。

（3）したがって現行の記述を下記のように変更する。

現行：自分の方程式の右辺から「宇宙項」といわれるものを引く形にして、……

訂正：自分の方程式に「宇宙項」といわれるものを加えることで、……←

以上、細かなことで恐縮ですが、陳承佑（チン・スンウ）さんにお伝えいただければ幸いです。丁寧に内容をチェックしてくださり、本当にありがとうございます。

もし東京でお会いできたら、こんなに嬉しいことはありません。愛する妹へ！

二〇一二年九月二三日

O・N

追伸　頂戴したボールペンでこれを書いています。

第19信　K・MからO・Nへ

――2012年9月26日

［ファクスの不具合で、冒頭の四―五行欠落］

おかげさまで坡州（パジュ）ブックアワードといろんな行事を無事に終えられました。本当にありがとうございます。先生をはじめとしてＥＡＰＣの皆さんがいらっしゃらなかったら、不可能なことだと思います。

マスコミの大きな関心と報道のため（ハンギョレ新聞社の韓（ハン）記者が、東洋文庫(1)について関さん(2)にインタビューした記事も大きく掲載されました。二四日付新聞に）、行事の期間中大勢の人が集まったので、二年ぶりにその影響力が非常に強くなってきたようです。だれよりも市長が一番満足した(3)のではないかなと思います。来年は心配しなくてもいいでしょう*^^*

何よりも、この機会にお兄さんとまたお目にかかることができて、楽しかったです。

先生が『火の神話学』についてお知らせくださった事項は、陳承佑（チン・スンウ）君に伝えました。願わくば日本の本よりもっと素晴しく作りたいのですが……。愛するお兄さんの意義深い本をわが社で出版できるようになって本当に嬉しいです。誠にありがとうございます。

それと韓、中、日関係が国際的に厳しくなってきている今、民間次元の交流が一層大事になってくると思います。その点でこの本が先生のお話のように、二つの国の文化交流の証しになると信じて疑いません。

先生の本が出版される一〇月二五日以後、ぜひ日本に行きたいと思います。本を直接先生に差し上げたいし、出版の喜びを日本の先生方と出版の同僚と一緒に分かち合いたいです。

またご連絡いたします。

二〇一二年九月二六日

マルクシル拝

(ネックレス[4]は色が本当に気にいっています!!)

注

(1) 二〇一二年度PBAの特別賞を受賞した平凡社刊の「東洋文庫」のこと。

(2) 関正則氏(当時、平凡社編集部)のこと。

(3) PBAは、「坡州(パジュ)ブックシティ」という世界で唯一の出版都市が主体となり、「坡州市」という地方自治体の後援でつくられた国際出版賞だ。坡州市長は、PBAが東アジアの出版文化を高めるのに大きな役割を果していることについて、授賞式で受賞者たちと一緒に話をし、直接確認することができたはずだ。[K・M]

(4) O・NがK・Mさんに贈ったガラス細工。O・Nの若い友人であるアーティストの作。

第20信　K・MからO・Nへ

——２０１２年10月8日（？）

大塚先生！

韓国は朝夕涼しいですが、昼間はなお暑いです。日中の温度差が大きい典型的な秋の日和が続いています。私が住んでいるカンファド［江華島］は田と畑が多いので、広い野原が黄金の波に変わっていきます。

日曜日の昨日は家族で野道を歩きながら、美しい秋を満喫しました。

私は今月二五日（木）日本に行き、二七日（土）に戻るつもりです。わが社の人文チームの社員(1)はどうしても調整できなかったので、林慶澤(イム・キョンテク)(2)さんとともに行く予定です。お目にかかるのを楽しみにしております。

それから本の副題について、「ろうそくの火から原子炉まで、驚きと恐れの歴史」と申し上げましたが、「歴史」と言えば本の内容が歴史に限られる恐れがあるかなと私の考えを伝えたところ、チームで「歴史」の代りに「パラドックス」を提案してきました。歴史という言葉よりはパラドックスの方が内容の豊かさをもっとよく表わすようで、良さそうですけど……。

最愛のお兄さんへ

マルクシル拝

注

(1) 陳承佑(チン・スンウ)さんのこと。

(2) 国立全北大学教授の文化人類学者。韓国文化人類学会会長。東京大学で千葉県佐原の商家について研究し、博士号を取得しただけあって日本語に堪能。EAPCの創設時から通訳として貢献してくださった。

第21信 O・NからK・Mへ

――2012年10月9日

K・M様

ファクスをありがとうございました。二五日に東京に来てくださるとのこと、お会いするのが楽しみです。

龍澤さんと電話で相談したのですが、二五日には私と妻とでK・Mさんと林慶澤(イム・キョンテク)さんとをご招待させていただければと思います。二六日は龍澤さんの方で台湾会議その他について、いろいろ説明したいと言っています。

二五日の到着時間が決まりましたら、ご教示いただければ幸いです。ひょっとすると、共同通信社のK・Mさんへのインタビューが入るかも知れません(記者は、韓日の政治状況が悪化している中で、拙著の韓国語版が出版されることを非常に高く評価していますので)。

なお、韓国語版の副題については、「歴史」より「パラドックス」の方がよいと思います。

とり急ぎのご返事ばかりにて。愛する妹へ!

二〇一二年一〇月九日

O・N

第22信　K・MからO・Nへ

——2012年10月12日(?)

大塚先生！

お電話いたしましたが、つながりませんでしたので、ファクスをお送りします。

今、先生の本のデザイン中なので、書名を確定しなければなりません。人文チームの意見は次のようです。

書名　*Homo Ignis* 火を探して

副題　ろうそくの火から原子炉まで、驚異と恐れの歴史

「火の神話学」という原題は韓国の読者には学術的な印象を与える恐れがあって、もっと大衆的な雰囲気がある書名が良いかなと思います。ですから火を意味するラテン語の *Ignis* を使って、*Homo Ignis* という新しい言葉を作ってみました。

全体的には読者に、この本がこの時代の重要な問いを考える時に、理解しやすい本だという印象を与えたいのです。

先生のご意見はいかがでしょうか。

私は水曜日まで休みますが、デザイナーは明日も仕事をします。それでご返事はわが家に電話し

ていただけるとありがたいです。[省略]
[ファクスの不具合で、最後の数行が欠落]

第23信　K・MからO・Nへ

――2012年11月1日(?)

大塚先生!

おかげさまでソウルに無事に着きました。

思いがけなくお宅にまで招待してくださって、本当にありがとうございました。何よりも奥様にお目にかかれて嬉しかったです。奥様は心も体も美しい、すごい美人です。お年の割りにとても若く見えて、びっくりしました。

雰囲気の温かい店でおいしくて特別な料理を食べながら、あっさりした日本酒を飲みながら、先生と奥様と対話した時間は久しく忘れられないでしょう。

先生の貴重な本をわが社が出版できたことを、改めて感謝申し上げます。

またお目にかかれる日を楽しみにしています。くれぐれもお元気で。愛するお兄さんに!

マルクシル拝

(いただいた「うつろひ」というシリーズの一つである素晴しい絵[1]を掛ける適当な場所を探しています^.^)

注

(1) 宮脇愛子さんの作品。

第24信　O・NからK・Mへ

——2012年11月2日

K・M様

ファクスをありがとうございました。

過日はわざわざ東京までご足労くださり、*Homo Ignis* をお届けくださって、心より御礼申し上げます。あれ以来、何回も手にとって眺めています。そして「この韓国版は日本語の原書よりよくできている」との結論を得ました。

K・Mさんの深いご配慮と趙健衡(チョ・コンヒョン)さん、陳承佑(チン・スンウ)さんお二人のご尽力に改めて感謝申し上げます。お二人に何卒よろしくお伝えください。

造本、装幀、そして何よりもしっかりとした編集――さすがサゲジョル社の仕事と拝見しました。出版人の私からすれば敬愛するサゲジョル社から拙著・韓国版を刊行していただけて、本当に嬉しく光栄なことです。

三日ほど前には台湾の林載爵(リン・ツァイツェ)先生が拙著『理想の出版を求めて』の中国語・繁体字版[1]を送ってくださいました。これも *Homo Ignis* と同様に素晴しい出来の本です。K・Mさん、林載爵さんをはじめ、EAPCの友人たちの友情に胸があつくなります。

長生きしていてよかった、とつくづく思うこの頃です。

ところで、姜尚中(カン・サンジュン)さんの本[2]は予定通りでき上りましたか。社長みずから乗り込んで企画を実現する場に立ち合えて、K・Mさんの出版人としての迫力の一端を垣い間見た思いです。わが愛する妹がこんなにすごい出版人だったとは、何とも嬉しいことです。

次回は台湾でお会いできますね。[3] 楽しみにしています。

末筆ながら、妻からもくれぐれもよろしく、とのことです(K・Mさんの「お年の割りに若くて」という言葉に大喜びしています）。

二〇一二年一一月二日

O・N

注

（1） O・N著『追求出版理想國——我在岩波書店的40年』聯経出版社、二〇一二年一〇月。

（2） 韓国語版のタイトルは『生きなければならない理由』（サゲジョル社、二〇一二年）。日本語版の原題は『続・悩む力』（集英社新書、二〇一二年）。

（3） EAPC第一四回台湾大学会議（二〇一二年一二月二〇—二一日）のこと。

私のイクリプス　Ⓒ왜그림

III

友情は国を越えて

第25信（2013年3月18日）
―第38信（2015年6月24日）

一番好きなマッコリ　Ⓒ왜그림

第25信　K・MからO・Nへ

——2013年3月18日

大塚先生！

ご無沙汰しております。ご機嫌いかがですか。お正月の挨拶の言葉も申し上げていませんでしたね。

韓国の今年の冬はたいへん寒かったので、心まで縮み上がる感じでした。この頃、春を催促するような雨が降った後、暖かくなってきています。

冬の間ずっと洞窟で寝ていた熊が伸びをするように、私も今になって、やっと外に向ける心の目が開くような気持ちです。

でも、冬眠中でも規則的に運動をしてきたので(1)、幸い、熊のように準備運動をする必要はありません。

先生もお変わりなくお過ごしでしょう。先生にファクスを書いていると、懐かしさが増してきます。

ところで、坡州(パジュ)ブックアワードの日程についてお知らせします。成都会議(2)の会期を五月一五日から一九日に延ばすので、PBAの最終審査委員会会議は、二週間後の五月三〇日(木)から六月一日(土)まで坡州で開くということでいかがでしょうか。韓国の実行委員会議では、このように考えています。中国の皆さんは、この日程に同意してくださいました。

またご連絡いたします。奥様にもよろしくお伝えください。

二〇一三年三月一八日

妹マルクシルより

注

(1) K・Mさんは諸外国の市民マラソン大会にも参加するアスリートなので、規則的にトレーニングしている。したがって、サゲジョル社の役員会は、社の裏手にある小高い山(尋鶴山(シムハクサン))を登りながら開かれる、という伝説もあるくらいだ。[O・N]

(2) EAPC第一五回成都会議のこと。

第26信　O・NからK・Mへ

――2013年3月18日

K・M様

ファクスをありがとうございます。

K・Mさんの日本語は本当に素晴しい――冬眠していた熊に托してご自身の気持ちを見事に表現しています。

坡州（パジュ）ブックアワードの日程（五月三〇日～六月一日）は承知いたしました。K・Mさんをはじめ韓国の皆様にお会いできるのが楽しみです。

PBAはとても重要なプロジェクトだと思います。今年は韓国の内容が充実した多くの本を提示してくださいますように！　楽しみにしています。

桜の開花に合わせて、心躍る会議へのお誘いをいただき、今から興奮しています。

妻純子からもくれぐれもよろしくとのことです。

二〇一三年三月一八日

愛する妹へ　O・N

第27信　K・MからO・Nへ

——2013年9月16日

大塚先生！

ご無沙汰しております。ご機嫌いかがですか。

虫の奏でる自然のシンフォニーが聞こえる季節になりました。夕方から降り出した雨の音が加わって、われ知らず切ない感じになる日です。秋負けするかも知れません^^*（韓国では夏負けという言葉より、春や秋になって、心や気持ちが微妙に変わることを、春負けや秋負けと言います。韓国語で「봄을(ボムル) 타다(タダ)、가을을(カウルル) 타다(タダ)」と言います）。

お兄さんはこの秋はいかがでしょうか。

来週は中秋ですので、火曜日から休みます。だんなが長男ですから、親戚や家族がわが家に集まって、飲食をしながら楽しみます。

再来週の週末にはいよいよ先生にお目にかかることができます。楽しみにしております。九月三〇日午後六時から坡州(パジュ)ブックアワードの授賞式があります。先生に授賞式の祝辞をお願いしたいと思います。祝辞を引き受けていただけると本当にありがたいです。

ではアンドン(1)でお目にかかりましょう。

奥様にもよろしくお伝えください。

妹マルクシル拝

K・Mさま

注

（1）第二回PBA授賞式に先立って、韓国側が用意してくれた「安東(アンドン)の両班(ヤンバン)文化と出版」探訪の小旅行のこと。国学振興院、陶山書院(トサンソウォン)、清涼山(チョンリャンサン)、退渓宗宅(テゲジョンテク)などを見学した。

第28信　O・NからK・Mへ

――2013年9月16日

ファクスをありがとうございました。中秋のご家族の集まりは、さぞにぎやかで楽しいことでしょうね(準備はとても大変なことでしょうが)。

坡州(パジュ)ブックアワードの授賞式での祝辞については、喜んでお引受けいたします。この祝辞は、受賞者の皆さんに対するPBAの側からの祝辞(小生もPBAの代表委員の一人ということになっていますので)ということでよろしいですね。

まだ日中には暑さが残っているものの、夜になれば虫の声がにぎやかです(本日は台風一八号の襲来で大荒れですが)。

秋きぬと目にはさやかに見えねども
風の音にぞ驚かれぬる

初秋はただでさえもの悲しい季節ですが、とりわけ人生の秋にさしかかった老人には、過ぎし日のあれこれを思い出させる特別な時でもあります。

アンドン(1)という素晴しい場所でお会いできるのを楽しみにしています。愛する妹へ!

二〇一三年九月一六日

O・N

注

（1）O・Nは一〇年前の私的な韓国旅行で安東（アンドン）を訪れた。とりわけ、市内からバスで一時間半ほど山中に入ったところにある陶山書院（トサンソウォン）は、O・Nが韓国のなかで最も好む静かな場所である。
また忘れられないのは、二〇〇五年に初めて金彦鎬（キム・オンホ）さんに会った時に、陶山書院に感動したと話すと、彼が会議後『陶山書院』（李佑成編、ハンギル社、二〇〇一年）という立派な書物を送ってくださったことだ。［O・N］

第29信　O・NからK・Mへ

――2013年9月24日

K・M様

〝祝辞〟の原稿（添付）をお届けします。このような内容でよろしいでしょうか。何か足りないところがあれば、遠慮なくおっしゃってください。

なお、一つだけ坡州（パジュ）市と韓国文体部の関与について、ご確認ください。正すところがあれば、訂正をお願いします。

この原稿を書いていて、改めてPBAの重要さを思い知った次第です。改めてK・Mさん、金彦鎬（キム・オンホ）さんをはじめとする韓国の皆様にあつく御礼申し上げます。

九月二四日

O・N

祝辞（原稿）

第二回坡州（パジュ）ブックアワードの受賞者の皆様。

PBAの代表委員の一人である私は、この賞のすべての関係者を代表して、受賞者の皆様に深甚の敬意を表するとともに、心からのお祝いを申し上げます。

PBAは、世界で唯一のブックシティである坡州市が中心になって組織・運営されている、まことにユニークな賞であります。

しかも市長をはじめとする坡州の皆様は、賞の対象者を広く東アジア全域に求めるという英断を示されました。したがって賞の推薦と選考も、東アジア諸地域の人々が関わって行われています。

韓国はもちろん、中国、台湾、香港そして日本から、各国の推薦委員を通して候補の本や著者、デザイナー、組織などがノミネートされます。それら数多くの候補について、これまた東アジア各国の選考委員が一堂に会して、議論を交わし、受賞者の絞り込みを行います。

その結果、第一回のＰＢＡには、素晴しい著者、企画者、デザイナー、出版社が選ばれました。今回もまた、選考経過の報告に明らかなように、第一回に劣らぬ素晴しい著者、企画者、デザイナー、団体を選ぶことができました(1)。

このＰＢＡについて、私は以下の三つの観点から、他に例を見ないそのユニークな特色をあげてみたいと思います。

第一は、東アジアにおける出版活動の活発さと質の高さを再確認できる絶好の機会であり、その結果、現代における最も優れた著者、出版社、デザイナー、出版関連団体が受賞者として選ばれていること。

第二は、推薦と選考の全過程を通して、東アジア諸国の出版人が書物の本質に関わり胸襟を開いて議論し、意見の一致を見ていること（私自身その過程をどれほど楽しむことができたか、筆舌につくすことはできません）。

第三に、第二の作業を通して、この賞に関わるすべての人の間に、深い相互信頼と熱い友情が醸成されていること。

このように見てくるならば、ＰＢＡの持つ限りないその意義深さを皆様にもご理解いただけるでしょう。

とりわけ、政治的レベルでは東アジア諸国の間に大きな困難と緊張が横たわっている今日、出版を通して各国の交流と信頼関係を築いているPBAの存在意義は、どんなに強調してもしすぎることはないはずです。

その意味で、私自身この賞に関わることができたことを幸せに思い、同時に誇りに思う次第です。

そして、坡州市をはじめとする、この賞を設立された韓国の皆様、支援を惜しまれない韓国文体部に敬意と感謝の念を捧げたく思います。

最後に、改めて受賞者の皆様に衷心より、お祝いを申し上げます。おめでとうございました。

注

（1） 第二回PBA（二〇一三年）受賞者は次のとおり。
著作賞　和田春樹『日露戦争　起源と開戦』上・下、岩波書店、二〇〇九・二〇一〇年　（日本）
企画賞『朝鮮王室の日常・行事・絵画』チーム（トルベゲ社、二〇一三年）（韓国）
ブック・デザイン賞　劉暁翔（リュー・シャオシャン）　（中国）
特別賞「本を読む社会づくり国民運動」（本を読む社会文化財団）（韓国）

第30信　K・MからO・Nへ

――2013年12月27日

大塚先生！

韓国は一二月から厳しい寒さが始まって、坡州(パジュ)は今日も氷点下一〇度まで下がりました。韓国の政治と経済と労働問題などをはじめとして、出版界の事情も凍りついた冬のようにだんだん厳しくなってきています。

あっという間に年末になりました。今年は個人的にもさまざまな出来事がありました。楽しいことより悲しいことが多かった年でしたが、東アジア出版人会議の方々がいらっしゃって、心強かったです。そのうちでも先生は仕事にとっても、個人的なことにとっても、いつも大きい力になっていただいて、誠にありがとうございました。

先生の貴重な著書『顔を考える』(1)は、届いてから少しずつ面白くお読みしています。本当にありがとうございます。

新年もきっとたくさんの素晴しい出来事が先生を待っているように、お祈りします。くれぐれもお体に気をつけてください。

二〇一三年一二月二七日

妹マルクシル拝

注

（1） O・N著『顔を考える――生命形態学からアートまで』集英社新書、二〇一三年。

第31信　O・NからK・Mへ

――2013年12月27日

K・M様

年の瀬も押しつまった今日、元気なお声とファクスを届けてくださり、本当にありがとうございました。夕食の〝おでん〟をフーフー食べている最中でしたが、一層心が暖かくなりました。

でも気候が寒いだけでなく、とりわけ日本の政治状況は寒々としています。本日も沖縄では県民の意思を無視した知事の決定が下されましたが[1]、これも安倍政権の金と力のゴリ押しによるもので、昨日の靖国神社参拝を含めて、政治的リーダーの無神経さに腹が立って仕方がありません。

そんなこともあって、目下僕の親しい政治学者・松下圭一さんの仕事をまとめようと努めているところです。松下さんは私たちの一〇〇冊の本[2]でも取り上げられています(『都市政策を考える』、僕が一九七一年につくった本です)が、日本社会に初めてリベラルな民主主義を定着させた人物です。例えばシビル・ミニマム、地域民主主義、自治体改革などはすべて彼の発案になるものです。

それから、国家のためではなく、市民のための憲法理論を説いた『市民自治の憲法理論』(これも僕が一九七五年につくった新書です)によっても知られています。特定秘密保護法という危険な法律が強行採決された今こそ、僕たちは本当に市民のための憲法をつくり出さなければと思っています。

というわけで老人の私も、それなりにがんばっているところです。でも一番大切なのは人と人との交流です。K・Mさんから年末にお電話をいただいたことが、どんなに私にとって嬉しいことか、とても言葉に尽すことはできません。

どうかご家族の皆様お揃いで、よい新年をお迎えなさいますように! そして新しい年が、少しでも今年より明るい年になりますように。

またお会いできるのを楽しみにしています。

愛する妹へ!

二〇一三年一二月二七日

O・N

注

(1) 米軍普天間飛行場の名護市辺野古移設のために国が行った埋め立て申請を、仲井真弘多沖縄県知事が承認したことを指す。

(2) 第1信の注3参照。

第32信　O・NからK・Mへ

――2014年2月3日

K・M様

電話をありがとうございました。元気そうなご様子で、こちらまで明るい気分になりました。

また、拙著『顔を考える』を全部読んでくださった由――本当に感激です。

昨年末のファクスにある松下圭一さんの本のことですが、少しずつ書き進めているところです。

書名は編集者と相談中ですが、『闘かう政治学者――松下圭一の思想と行動』になると思います。

朝日新聞社の『WEBRONZA』というネットマガジンに連載することになりそうです。

それにしても、私のような老人にこのような本を書かせる日本の現政権は、本当に困ったものです。

しかしK・Mさんをはじめとする韓国の友人たちの顔を思い浮かべると、勇気が湧いてきます。

皆さんに負けないようにがんばります。

またお会いできる日を楽しみに！　愛する妹へ。

二〇一四年二月三日

O・N

（昨日、とってきて花瓶に活けてあるロウバイの花が素晴しい香りを放っています。）

第33信　K・MからO・Nへ

――2014年2月4日

懐かしい大塚先生!!

私は今、会社の三階に一人で残り、ファクスを書いています（昨日の夕方に書きかけておいた手紙です^_^）

先生と久しぶりにゆっくり話し合うことができて、嬉しかったです。

韓国での旧正月は、日本のお盆と同様に大きな祝日ですので、先週木曜日から週末までお休みでした。一部の社員たちは〝有休〟を利用して一〇日以上休んだりします。

さて、先生はあの有名な政治学者・松下圭一さんの本をお書きになっているということで、現在の日本の厳しい政治状況の中で意義深い本になることは、間違いないでしょう。朝日新聞社のネットマガジンに載せられた際には、インターネット上で探して、ぜひ読みたいです。

現在の日本と韓国は巧妙な独裁政権だと言えるようです。韓国の政治もますます深刻になってきていますが、韓国でも野党がなんの役割も果していないのです。反撃できる機会をすべて逃し、何も得るものがなく、何も変化させていないのです。そのため、市民の力を信じるより外はないのです。市民の連帯が最後の希望であるわけです。

私は毎年しているように、一月に各チームと一緒に一年の計画を組み、実行方法を議論しました。さらに、画期的な販路開拓を研究し、新しい企画の方向を模索しました。そこでは一年の戦略を組み、それを実行できる戦術をある程度立てておきました。一年の仕事の種を蒔くため、わずかに畑を耕しておきましたが、今後よい種を蒔いて実をふさふさと結ばせたいものです。

お宅の居間の美しい花の香りが私の部屋にも漂ってくるようです。奥様によろしくお伝えください。お体に気をつけてください。

二〇一四年二月四日

妹マルクシルより

第34信　K・MからO・Nへ

――2015年2月10日

大塚先生！

長らくご無沙汰しております。

昨年一〇月一五日から、カフェEMU（哲学者ErasMUsの略字）が開業したので[1]、ますます忙しくなりました。それと一月は出版社の一年の仕事の種を蒔き、計画を立てる月でしたので、少し忙しく送りました。

韓国では二月一九日が正式な元旦です。新年おめでとうございます。新年も楽しい出来事がたくさん先生を待っているようにお祈りします。

今年は青い羊の年と言われます。絶壁を自由に登り下りする青い野生の羊のように、わが社も厳しくなってきている出版の環境の中でも、試行錯誤を怖がらず、絶壁上の道を探していこうとしています。

ご健康はいかがでしょうか。いつも青年のような先生の姿が目に浮かびます。

奥様も相変わらず素晴しく、お元気なことでしょう。

昨年送ってくださった貴重なご著書『松下圭一　日本を変える』[2]は拝受してすぐ目を通しましたが、まだじっくりとは読めていません。幸いに、林(イム)教授[3]が翻訳し、ハンギル社が韓国語版を出版する予定だということなので、嬉しいです(たゆまぬ著作活動を本当に尊敬します)。

東京会議[4]が四月一日から開かれるそうなので、お目にかかるのを楽しみにしております。坡州(パジュ)ブックアワードの最終選定会議は五月二二日(金)にしようと思っております。

くれぐれもお体に気をつけてください。

二〇一五年二月一〇日

マルクシル拝

注

(1)　カフェEMUは、複合文化空間EMU(サゲジョル出版社創業者でありK・Mさんのご夫君である金暎鐘(キム・ヨンジョン)さんとご子息の金相民(キム・サンミン)さんが経営している)の一階にあったが、その後この場所は地中海料理店「トルトゥガ」(スペイン語で「亀」)に変身した。ソウルの慶熙宮(キョンヒグン)の近くにあるこの料理店で、EAPCのメンバーはよくごちそうしていただいたものだ。今は再びブックカフェEMUに変わった。[O・N]

(2) O・N著『松下圭一 日本を変える――市民自治と分権の思想』トランスビュー、二〇一四年。

(3) 林慶澤(イム・キョンテク)さん(第5信および第20信の注2参照)のこと。

(4) EAPC第一八回東京会議のこと。

第35信 O・NからK・Mへ

――2015年2月11日

K・M様

ファクスをありがとうございます。そして新年おめでとうございます。青い羊の年がK・Mさんとご家族の皆様、そしてサゲジョル社にとって更なる飛躍の年になるよう、お祈り申し上げます。

カフェEMUのお仕事も加わって、昨年はさぞハードな日々をお過ごしになったのでしょうね。でも韓国の社会にとって非常に重要なサケジョル社の舵取りをなさっていらっしゃるK・Mさんには、この困難な時代に、それこそ時代を切り開いていくような企画をたくさん作っていただきたいと、心から願っています。

ですから、お仕事とリラックスと、そして時折小生へのファクスを書いてくださることが、とても重要なのではないでしょうか。

松下圭一『都市政策を考える』(一〇〇冊の本)と拙著の翻訳を林慶澤(イム・キョンテク)さんがいっしょうけんめいにやってくださっています。他に「四月の本」社の安熙坤(アン・ヒゴン)さんのところから刊行される宇沢弘文『自動車の社会的費用』(一〇〇冊の本)も林さんは翻訳してくれています。その『自動車の社会的費用』の解説文を安熙坤さんに依頼されたので、二五枚弱の原稿を書きました。本が出た折には、ぜひご覧になってください。

韓国の皆さんとの関係がいっそう深まっていくことを何より嬉しく思います。そして韓国出版人の強い意志を感じ、心からの敬意を表します。

時代はますます困難の度を深めているようですが、それだけにいっそう、私たちの友情と連帯が何物にも代え難いものになっていることを確信します。

今年一年のK・Mさんのご健康と更なるご活躍をお祈りしています。四月の会議でお会いできるのが楽しみです。それまでどうかお元気で!

二〇一五年二月一一日

第36信　O・NからK・Mへ

――2015年6月22日

K・M様

お元気にご活躍のことと思います。

本日はお願いがあってファクスをお送りしました。今朝の『朝鮮日報（チョソンイルボ）』に小生のインタビュー記事が掲載されているはずです。私たちの会議のことにも触れています。インタビューした記者から、記事の内容について、英語で説明を受け、一応問題ないと判断しました。

お願いは、できることなら、この記事を読んでくださった上で、万一問題がある場合には、ご教示いただきたいということです。

何卒よろしくお願い申します。

二〇一五年六月二二日

追伸　五月の会議はいろいろと面白かったですね。またカフェEMUでお会いできるのを楽しみにしています。

O・N

[解説]

このファクスは、K・Mさんをはじめ、四、五人のEAPCの韓国人仲間に、追伸部分を除いて同文のものを、O・Nが送付したものである。

日韓修交五〇年を迎えるに当って『朝鮮日報（チョソンイルボ）』では、韓国人外交官と日本人の私へのインタビュー記事を掲載した（二〇一五年六月二二日）。

インタビューは二〇一五年六月二日に、拙宅で行われた。インタビュアは『朝鮮日報』東京特派員の金秀蕙（キム・スヘ）記者で、通訳者として東大工学部博士課程に在学中の、日本語の堪能な韓国人男性を伴ってきた。金記者が、日本のことをよく調べているのに感心した。

念のために、以下にインタビューの日本語訳（『朝鮮日報』日本語版）を載せる。翻訳の確認はK・Mさんにお願いした。K・Mさんの指摘で一部手を入れた。

［O・N］

［特集］　韓日国交正常化五〇周年

元岩波書店社長に聞く「日本は軍国主義を追求しているの？」
「韓国が歴史を忘れたとしても、日本は忘れてはならない」（大塚信一・元岩波書店社長）

「明治維新以来一五〇年近くもの間、日本は『西洋に追いつけ、追い越せ』というスローガンを掲げた。その結果、一時は世界第二位の経済大国にのし上った。安倍政権は今もそのような掛け声を繰り返している。そのような考えの下で、周辺国にどれだけ大きな被害を与えたのかを振り返ろうとしない。問題は、日本国民の五〇％以上が安倍政権のそのような姿勢を支持していることだ」。

岩波書店の大塚信一・元社長(76)はこう指摘した。大塚氏は一九六三年から二〇〇三年まで岩波書店に身を置いてきた。同社は日本の知性派の一翼を担ってきた出版社だ。大塚氏は同社の社長を退任後、志を共有する韓中日［台湾、香港を含む］三ヶ国の出版関係者たちと共に「東アジア出版人会議」を結成、アジア共通の古典一〇〇冊を選んで、三ヶ国の言語で出版している。韓国の独立運動家、金九（キム・グ）の『白凡逸志』もその一つだ。

――今になって、日本はまた軍国主義を追求するのだろうか。

「『軍国主義』という言葉では表現しない。しかし、かなり近い選択肢だ。かつての日本は西洋と同じやり方で大国になろうとした。日本の近代化の基本的な要素は植民地主義と軍国主義だった。

若い世代はこのような認識を十分に持っていない。そんな状態で安倍政権が『日本は国際社会で再び大きな勢力を持たなければならない』と主張するため、それに魅きつけられている」。

——安倍晋三首相は「日本が戦後、平和主義を実践した」と強調するが。

「日本が直接戦争を引き起こしたわけではないが、朝鮮戦争やベトナム戦争を通じて日本経済は豊かになった。一面だけを見てはいけない。例えば、司馬遼太郎が『坂の上の雲』という小説を書いた。明治時代の青年たちが国家のために奮闘するという物語だ。『険しい坂道の上に雲があり、その下に広い世界がある』という表現は、日本人の勤勉さが大国への仲間入りを果たしたというメッセージだ。これは興味深いが、同時に危険でもある。小説は『坂道』で終わっても、歴史はそこで終わらなかったからだ」。

——一方で「韓国はなぜ、ますます憤(いきどお)るのか」と問い掛けている。

「二〇〇九年、中国で東アジア出版人会議が行われた。会議に同席した韓国の記者に『韓国・中国・台湾に対する贖罪の認識が、この会議の基本だ』と説明した。翌日、その記者が私の元に来て『ありがとう。でももう数十年もたったことだから、謝らなくてもいい』と言った。それに対し私はこう答えた。『こちらこそ感謝するが、問題はやはり私たちの側にあった。韓国が歴史を忘れたとしても、日本は忘れてはならない』と」。

（東京＝金秀蕙(キム・スヘ)特派員）

第37信　K・MからO・Nへ

——2015年6月23日

大塚様!!

先生のファクスをいただき、すぐ『朝鮮日報（チョソンイルボ）』のインタビューを読んでみました。私のいつも尊敬しているお兄さんは、さすがに韓日関係について明確におっしゃっていただきまして、割りきれました。

東アジア出版人会議に関するところは全然問題がないと思います。かえって韓日修交五〇年を迎えて行われたインタビューで私たちの会議が短いけれど紹介されて、嬉しかったです。何よりも韓国の新聞にお兄さんの写真と記事が載せられたことを見ながら、お兄さんの影響力を実感できるようになりました。

韓国の大統領と日本の総理大臣が、韓日修交五〇年を迎え、両国の行事にそれぞれ参加しましたが、二人とも過去の歴史については一言も発言しなかったとのことでした。

前回の会議以後、まず私が挨拶のお手紙をお送りすべきなのに、申し訳ございませんでした。

五月の「PBAの」会議で韓国の本が三冊も選定されたので[1]、本当のところ、個人的にはいろんな面で心中穏やかではなかったです。

でもお兄さんと一緒に過ごしたEMUでの夜と、翌日トルペゲで行われたインタビュー[2]は本当に面白く印象的でした。午後のインタビューを最後まで聞くことができなくて、とても残念でしたが、幸い三分一さん[3]から動画のCDが昨日届いて、どんなに嬉しかったか分かりません。

くれぐれもお気をつけください……。

妹マルクシル拝

注

（1）第四回PBA（二〇一五年）受賞者は次のとおり。

著作賞　宮本憲一『戦後日本公害史論』岩波書店、二〇一四年（日本）
金学載（キム・ハクジェ）『板門店（パンムンジョム）体制の起源』ヒューマニタス、二〇一五年（韓国）

企画賞　『アーガマースートゥラ』全一二巻、ハンギル社、二〇一四年（韓国）

ブック・デザイン賞　出版社　樹流山房（韓国）

特別賞　三聯・ハーバード燕京学術叢書（中国）

（2）韓喆熙（ハン・チョルヒ）さん（トルベゲ社社長）が、O・Nに対して三回にわたって行った長時間インタビューの一つ。トルベゲ社において行われた。当時EAPCが公開していたブログに供するためのもの。

(3) この頃EAPCに参加していた三分一信之さん(情報工学の専門家)のこと。

第38信 O・NからK・Mへ

――2015年6月24日

K・M様

昨日はファクスをさっそく送ってくださり、ありがとうございました。『朝鮮日報(チョソンイルボ)』の記者は真面目で優秀でしたが、小生が韓国語ができないので心配でした。でも、わが妹は〝心配しないで、だいじょうぶですよ〟とすぐ教えてくれました。

K・Mさんのおっしゃるとおり、日韓両国の首脳が急に近づいたり離れたりと、政治レベルの関係は安定しません。でも私たち市民レベルの友情は不変です。そのことをもっと広めていく必要があると思います。

安倍政権の暴走をくい止めたいと考え、『松下圭一 日本を変える』(1)に続いて『宇沢弘文のメッセージ――真に豊かな社会を求めて』(2)という小著を書きました。落合さんが、宇沢氏の一周忌に合わせて、九月に集英社新書で出してくれます。今や集英社新書は、岩波新書とともに反安倍キャンペーンの本を続々と出版しています。その意味で落合さんは本当に信頼できる編集者です。

今頃になって四〇年も前の松下・宇沢両氏の仕事が意味をもってくるのですから、やっぱり出版の事業はすごいと改めて思います。

K・Mさんのお仕事がさらに展開していくことを願っています。またお会いできるのを楽しみにしています。愛する妹へ！

二〇一五年六月二四日

O・N

追伸　このファクスへの返信はもちろん必要ありません。ご放念ください。

注

（1）『宇沢弘文のメッセージ』（集英社新書、二〇一五年）のこと。ファクスにある副題は最終的にはずした。

（2）右の新書を編集してくれた落合勝人さんのこと。なお第30信に出てくるO・Nの『顔を考える』の編集者でもある。また第24信にある姜尚中（カン・サンジュン）氏の新書の編集者でもある。落合さんはEAPCのメンバーであり、PBAでも推薦委員を務めている。

［解説］

この後、このわれわれの通信は、二〇一八年二月まで途絶えることになる。その理由は、主としてK・Mさんがただでさえ多忙な社長業に加えて、業界の重要な組織である韓国出版人会議の会長に就任することになったからである。そのことについては、ご本人の言葉で書いていただくことにする。

しかし、この間もK・MさんはEAPCに毎回出席し、併せてPBAの責任者の役割も完璧にこなしてこられた。したがって、「兄妹通信」は一時中断したものの、K・MさんとO・Nは毎年四回は確実に顔を合わせていたのである。

以下に二つの組織のこの時期における活動を記しておこう。

EAPC

第一九回台湾会議。二〇一五年一一月一一—一二日。

第二〇回香港会議。二〇一六年四月一九—二〇日。

第二一回沖縄会議(一〇周年記念)。二〇一六年一一月一四—一五日。

第二二回ソウル会議。二〇一七年五月二五—二六日。

第二三回中国・烏鎮(ウーチン)会議。二〇一七年九月二一—二二日。

PBA

第四回授賞式。二〇一五年一〇月六日。

第五回選考委員会。二〇一六年六月三日。

第五回授賞式。二〇一六年一〇月一日。

第六回選考委員会。二〇一七年五月二四日。
第六回授賞式。二〇一七年九月一五日。

［O・N］

二〇一五年六月から二〇一八年二月まで、手紙のやり取りがなかったことを今回初めて知った。振り返ってみると、その期間に私がとても忙しかったのは事実だ。

出版社の代表を務めるだけで手いっぱいの私が「トルトゥガ」という地中海料理店の開業準備と開業以後の運営に直接関与して、いろいろと気を使わなければならなかったし、そのうち複合文化空間（地下二階＝ギャラリー、地下一階＝公演場、二階と三階＝芸術専門映画館、ルーフトップ＝公演場）という特別な性格の場所にふさわしく、その一階の料理店をサゲジョル出版社の本だけを陳列するブックカフェに変えるということになり、その企画と実行を進めるのに慌しかったようだ。

そんな中、二〇一七年二月には、韓国の単行本出版社が集まって作った社団法人・韓国出版人会議の会長に選任され、さらに忙しくなった。本当に熾烈に生きていたし、私的なことを顧みる暇もなく生きていた時期だったようだ。

しかし、EAPCとPBAの選考委員会や授賞式などを含め、一年に三、四回ずつ先生に会いながら、会う度にいつも多くの話を交わした。

その時期には先生に直接電話をかけて何回も話をした。手紙のやり取りこそしなかったが、先生との友情はいつにも増して厚くなった時代ではなかったか、と思う。

［K・M］

Ⅳ サプライズの夜

第39信(2018年2月15日)
——第49信(2020年1月8日)

エジプト・アレクサンドリア沖の地中海を眺めながら　Ⓒ왜그림

第39信　O・NからK・Mへ

――2018年2月15日

K・M様

ご無沙汰いたしておりますが、お元気にご活躍のことと思います。四月にはEAPCの台湾・台南会議でお会いできるのでとても楽しみです。

本日ファクスを差し上げるのは、岩波書店の現社長・岡本厚さんの意向を承けてのことです。最近『岩波書店百年』がようやく刊行されました。そこで、ぜひ韓国の出版人の皆様にもご覧いただきたく、K・Mさんが会長をなさっていらっしゃる出版協会に一部贈呈させていただきたい、とのことです。

そういう次第ですので、もしよろしければ出版協会の正式名称、K・Mさんの正式な肩書き、同協会の住所をファクスで教えていただけないでしょうか。恐縮ながら、名称・肩書き・住所を英語か漢字表記にしていただければ幸いです。

お手数をおかけしますが、韓日出版界友好の一助となればと考えますので、よろしくお願いいいたします。

二〇一八年二月一五日

O・N

第40信　K・MからO・Nへ

——2018年2月15日

O・N様

妹の私が先に新年のご挨拶を差し上げなければならなかったのですけど、このようなお兄さんの手紙を受けとって、すごく嬉しいながらも、一方では申し訳ない気がします。

私も台湾で四月にお会いできると思うと、今から胸がどきどきします。

私は、さまざまな仕事で忙しいけれど、楽しい気持ちで元気に過ごしています。地中海料理店を四季節(サゲジョル)出版社のブックカフェに変身させ、一月一五日にオープニングをしました。もしカフェが四季節出版社の本でいっぱいになったら、どれほど嬉しいことでしょう。読者たちとのさまざまな出会いを、さまざまな形で生み出すため、企画をつくり実行しています。

『岩波書店百年』のご出版、重ねておめでとうございます。しかもその本を韓国の出版人たちに送ってくださるとのこと、どんなに感謝しているか分かりません。送ってくださった時には、韓国の主要出版人たちと一緒に読んでみたいと思います。

私が会長である団体の正式名称は、「韓国出版人会議」です。

私の正式名称は、「韓国出版人会議会長カン・マルクシル」です。

〔住所等省略〕

ご本を受領次第、こちらからも英語版の『韓国生活史博物館』など何冊かの本を選んで、御礼の手紙とともにお送りします。

今度の韓国の寒さは、この一ヶ月ぐらい激しかったのですが、ようやく少し和らいできています。

日本では、北陸地方が大雪で多くの困難を経験したと聞きました。

くれぐれもお元気に楽しくお過ごしください。

二〇一八年二月一五日

ソウルで、妹マルクシルより

第41信　O・NからK・Mへ

——2018年3月26日

K・M様

本日、岩波書店の岡本社長と話をしました。——貴女から『岩波書店百年』に対する御礼状と美しいご本をいただき感謝しています。しかも、その御礼状は素晴しい日本語で書かれていたので、本当に驚嘆しました、と。

K・Mさんの日本語が韓日出版界友好のために立派に役立っていることを、私もわがことのように嬉しく思います。

お忙しい最中に、最善のご配慮をしてくださり、本当にありがとうございました。

来月、台南でお会いできるのが楽しみです。

二〇一八年三月二六日

愛する妹へ、O・N

第42信　K・MからO・Nへ

——2018年10月29日

大塚先生！

ソウルは雨が降った後に、紅葉が一層冷たく染まっています。美しい秋はすぐ過ぎて、寒い冬がすぐ始まるようです。

お腰のほうはいかがでしょうか。今回の会議に大塚先生がいらっしゃらないので、(1) 会議中ずっと席が空いているように寂しかったです。中国の董(ドン)(2)先生までいらっしゃらなくて残念でしたが、幸いにも若い編集者たちが参加してくれたので、会議自体は活発に進んだようです。

私は先週、行事が三、四つ重なって、結局EAPCのツアーには参加できず、会議にだけやっと出席しました。いらっしゃった方々にいろいろ申し訳ない気持ちでいっぱいでした。

韓国出版人会議が「本の年」を迎えて行った国際シンポジウムが重なり、光化門(クァンファムン)では大々的な読者対象の行事が行われ、土曜日には、先生もかつて出席なさった「洪命憙(ホン・ミョンヒ)文学祭」(3)が洪命憙先生の生家がある地方で開催されました。

おかげさまで、今、忙しい一週間を送ったのち、元気に出勤したところです。腰の回復が早くなることと、さらにご健康になられることをお祈りしております。

妹K・M拝

注

（1）EAPC第二五回韓国・富川会議に、O・Nがぎっくり腰で出席できなくなったこと。

（2）董秀玉女史（プロローグ、第8信参照）のこと。

（3）洪命憙先生とサケジョル出版社との関係などについて、以下に記す。

碧初・洪命憙先生（一八八八—一九六八）は一八八八年七月二日、忠清北道槐山で生まれた。父・洪範植は錦山郡守として庚戌国恥（一九一〇年八月二九日、日本によって韓国が国権を喪失したこと）当時に自決した殉国烈士であった。洪命憙先生は幼年時代、郷里で漢学を学んだ後、ソウル中学校で学び、その後東京に留学し大成中学校を卒業した。六堂・崔南善、春園・李光洙とともに朝鮮の三才と呼ばれた。

三・一運動（一九一九年三月一日、韓民族が日本の植民統治に抵抗し、独立宣言書を発表して、韓国の独立意思を世界に知らせた運動）当時、槐山で万歳運動を主導して投獄される。東亜日報、時代日報など新聞社の編集局長や五山学校の校長などを歴任。民族統一戦線「新幹会」の実質的指導者として活動し、一九二九年の新幹会民衆大会事件で再び投獄された。

一九二八年から一九四〇年まで『朝鮮日報』と『朝光』に、韓国の長編歴史小説の高峰『林巨正』を連載し、作家としての確固たる名声を獲得。

一九四七年、民主独立党党首、民族自主連盟政治委員長として単独政府樹立に反対し、統一政府樹立運動を推進していたが、一九四八年四月、南北連席会議に参加するため平壌へ行き、北朝鮮に残った。北朝鮮で内閣副首相、最高人民会議常任委員会副委員長などを務め、一九六八年に死亡した。

サゲジョル出版社は、洪命憙先生が副首相まで務めたという理由でその小説『林巨正』まで出版禁止にした独裁政権時代の一九八五年、『林巨正』（全一〇巻）を出版した。それで当時サゲジョル出版社の代表であった金暎鐘は刑務所に入れられるなどひどい目にあった。サゲジョル出版社は、学術発表、講演、討論などが含まれる「碧初洪命憙文学祭」を一九九六年から始め、一般読者を招待してこれまで毎年開催している。

また、南北分断の状況下、南北が互いに著作権契約を合法的に結ばずにいたが、ついに二〇〇五年五月、K・Mは南側から直接車を運転して板門店を通過し、開城で著作権者の洪錫中氏（小説家、洪命憙先生の孫）と会った。そして出版社代表のK・Mは著作権継承者に二〇年間の出版使用料を支払い、翌二〇〇六年には同様に出版社代表と著作権者が平壌で直接、著作権契約を締結する大事業を成し遂げた。南北分断後、最初の著作権契約の事例として歴史的意味は深い。［K・M］

第43信　O・NからK・Mへ

——2018年10月29日

K・M様

ファクスをありがとうございました。

今回は韓国の美しい秋を楽しむことができなくて、本当に残念でした。また会議で若い編集者たちの意欲的な発表を聴くことができなかったことが悔まれます。

しかし、それ以上にくやしく思ったのは、K・Mさんをはじめとする懐かしい韓国の皆さんに、また董（ドン）先生をはじめとする中国の皆さんに、お会いできなかったことです。

今回、私の腰痛で参加できずに皆さんにご迷惑をおかけして恐縮に思います。が同時に痛む腰をかかえつつ痛感したのは、EAPCの古くからのメンバーは、すでに皆家族同様の存在になっているという思いでした。

その思いを裏づけるかのごとくに、K・Mさんはこうしてファクスを送ってくださいました。また早くも会議前日の夜には、台湾の林載爵（リン・ツァイツェ）夫人[1]から見舞いの電話をいただきました（もちろん林さんが状況を報せてくださったからでしょう）。

龍澤さんや加藤さんから会議の様子を聞くのを楽しみにしています。

本来の社長業と韓国出版人会議会長の両方でさぞ大変なことと思いますが、くれぐれも腰痛などにならぬようにご自愛ください。

またお会いできるのを心待ちにしております。

二〇一八年一〇月二九日

O・N

注

（1）文庭澍（ウェン・ティンシュー）さんのこと。数年前まで台湾の逢甲大学で英語を教えていらした。O・Nとは家族ぐるみの付合いがある。

第44信　K・MからO・Nへ

――2019年7月30日

大塚先生！

おかげさまで坡州（パジュ）ブックアワード選定会議(1)を成功裡に終えることができて、本当にありがとうございました。

特にお兄さんの八〇歳セレモニー(2)には、必ず私が参加してお祝い申し上げなければならなかったのですが、それができずにどれだけ寂しかったか分かりません。

東アジア出版人会議が発足する前の段階から合算すると、もう一五年が過ぎました。ＥＡＰＣの真ん中に、大塚先生が一貫した姿でいらっしゃってくださって、いかに大きな力になり、方向性を失わずにここまで来られたかを考えると、実に感慨深いです。新しい家族共同体のような感じがするほどです。ためらいもなく大塚先生をお兄さんと呼べるようになったからです。

前回の東京会議を終えた後に、チヒロ美術館(3)のキュレーターと約束があって彼女に会ったことがあります。その時彼女は、偶然にも翌日大塚先生に会う予定だったそうです。それで「ああ、私のお兄さんなので、楽しくお会いになってください」と言ったら、彼女はびっくりしていました。大塚お兄さんのおかげで、チヒロ美術館で楽しい時間を過ごしました。

私は先週末に隔離室から解放され(4)、退院し、昨日の最終的な血液検査の結果、好中球の数値が一〇〇〇を超え、今日から慎重に会社に出勤しています。健康な普段でも白血球の数値が三〇〇〇以下と低く、二週間後に再検査して血液の専門医師との相談を通して原因を探すことにしました。ご心配をおかけして本当に申し訳ありません。

今回お目にかかることができなくて、どんなに寂しかったか分かりません。

お兄さんの健康を祈りながら……。

二〇一九年七月三〇日

妹K・Mより

注

（1）例年五月頃に開かれてきた選定会議が、この年には七月二三日に開かれた。選定会議の会場は、例年のように坡州（パジュ）ブックシティの紙之郷（チジヒャン）ホテルの会議室であったが、各地域メンバーの宿泊は不思議なことにソウル市内のホテルであった。各地域メンバーは二二日にソウル入りし、二三日朝には小型バスで紙之郷ホテルまで行き、会議を終えて夕方ソウルに戻ったのであった。

（2）O・Nの誕生日は八月二六日である。その日が来ると私は満八〇歳になることを知っているK・MさんをはじめとするEAPCの韓国メンバーたちは、PBAの選定会議を可能な限り遅らせて、誕生日のほぼ一ヶ月前にセレモニーを開催してくれたのであった。

場所はソウルの中心にある料理店で、当時は日韓の経済関係が最悪の状況だったので、反日と日本製品不買運動のデモが周辺では渦巻いている状態だった。

私は不覚にも、この時までなぜPBAの選定会議がこの時期に開かれたのか、しかも各地域メンバーの宿がソウル中心地に設定されたのかが分からなかった。しかし、その料理店に案内され、中心にある席に座るように求められた時に初めて、その理由を知り、雷に打たれたような思いになった。事実、セレモニーが始まってからも、しばらくは満足に口がきけなかった。第45信参照。〔O・N〕

（3）「ちひろ美術館・東京」のこと。O・Nはちひろ美術館のキュレーターとは面識がないので、この話はK・Mさんの思い違いではないだろうか。〔O・N〕

正確に言うと主席学芸員（スーパーバイザー）の竹迫祐子さんに会い、「岩波書店の元代表だった大塚先

生」と言いながら一緒に話をしていたのだが、その時に何か私たち二人の間で意思疎通に問題があったようだ。〔K・M〕

（4）　真夜中に体調を崩し、熱が四〇度近くまで上がり、運ばれた救急室で検査を行った結果、理由は分からないが、白血球の数値と好中球の数値が急激に下がっていることが判明したので、一人隔離室に一週間入院していた。〔K・M〕

第45信　O・NからK・Mへ

——2019年7月30日

K・M様

無事に退院なさったとのこと、おめでとうございます。さすがに日頃、身体をきたえていらっしゃる貴女ならではのことですね。

PBA選定会議に貴女の姿が見えないと、何とも物足りない思いがしました。林リンデンさんと、(1) “We miss K.M. san so much”と語り合った次第です。

ソウルでの思いもかけぬセレモニーには、本当に心を打たれました。そして御礼の言葉として、以下のような趣旨のことを話したと記憶しています(2)(それ以降のことは乾杯ぜめですっかり酔ってしまい、よく覚えていません)(3)。

現在、韓国と日本の政治レベルでの関係は最悪です。にもかかわらず韓国の皆様はこのような温かいセレモニーを催してくださいました。何と御礼を申し上げてよいやら言葉が見つかりません。それは、私たちが皆出版の仕事——目の前にはない何物かを創り出すこと、つまり普遍につながること——に携わっているからだと思います。本当にありがとうございました。

初めて味わったお米のバースデイケーキのおいしかったこと(4)をはじめ、セレモニーのすべてを演出してくださったK・Mさんを中心とする三美女の皆様の深いご配慮に改めて、あつく御礼申し上げます。

そしてわが愛する妹と再びゆっくりと話ができるようになった喜びをかみしめているところです。それにつけても、お身体の方は一〇〇%完治するように、ぜひお心がけくださいますように!

またお会いできるのを楽しみにしています。

二〇一九年七月三〇日

O・N

注

（1）台湾の林載爵（リン・ツァイツェ）さんのこと。

（2）前信の注2の最後の方に書いたように、O・Nはしばらく茫然自失の状態だった。林載爵さんにうながされて、O・Nは御礼の言葉を述べたのだった。しかし私の話が言葉足らずであることは言うまでもない。私が言いたかったのは、こんなに素晴しいセレモニーは、私たちが皆、国籍や目先の利害にとらわれぬ、より高次の理念——例えば、出版は人類の知的遺産の継承と発展である、といった——を共通に抱いているから可能になったのだ、ということだ。〔O・N〕

（3）唯一明らかに記憶しているのは、韓国・「四月の本」社の安熙坤（アン・ヒゴン）さんがスピーチをしてくれ、その最後に"I Love Otsuka Sensei!"と言ったので、私は席を立って安さんのところへ行き、ひげもじゃらの彼にキスをしたことだけである。二次会には韓性峰（ハン・ソンボン）さんが皆を連れていってくれたことだけをかすかに覚えている。〔O・N〕

（4）K・Mさん、金時妍（キム・ションン）さん（一潮閣社長）、鄭恩淑（チョン・ウンスク）さん（心の散歩道社社長）の三人を、O・Nはしばしば、"韓国の三美神、三美女"と表現してきた。この三人の女性は、敏腕の経営者であるとともに、情感にあふれる韓国美人なのである。〔O・N〕

第46信　K・MからO・Nへ

――2019年12月26日

大塚先生！

今年も東アジア出版人会議の仕事だけでなく、私にとっても大きな力になってくださって、ありがとうございます。これからも相変わらずいつまでも元気な姿でお会いできると信じています。

坡州(パジュ)ブックアワードの方は、多くの方たちの心配と懸念のおかげで、一二月の通常国会の二週前に文体部(1)の予算が通過しました。でも辛うじて来年の予算だけが確定している状態なので、私と韓国側メンバーがいろいろと努力中です。

坡州ブックアワードの代表委員を、来年まではぜひなさっていただけるようにお願いいたします。(2)二〇二一年から国家事業に移行する場合、いずれシステムに変動が生じるでしょうが、その時代表委員職などについて全般的に議論になりそうだからです。来年まではもう一度だけ代表委員として参加してくださるように、心からお願いします。

来年もいい著書を楽しみにしております。沖縄会議の時に話してくださった画家についてのご本(3)

も、早く読みたいものです。日本語の勉強もしっかりとして、全部細かく読みたいです。

韓国はまだ本格的な冬の寒さは来ないし、冷たい風も強くないのでよいのですが、その代わりにPM2.5が多くなりました。

先生も健康に気を配られ、ご家庭に神の祝福と平安が宿ることをお祈りします。

二〇一九年一二月二六日

妹K・Mより

注

（1）日本の文部科学省に当る、韓国の文化体育観光部のこと。

（2）この年の一一月下旬に開かれたEAPC第二七回沖縄会議の最終日に、O・Nは高齢を理由に引退を表明した。また翌日のツアー後の宴会の折に、O・NはK・MさんにPBAの方も引退したい旨伝えてあった。K・Mさんは韓国に戻ってから関係者と相談した上で、このように要請してきたのだった。次信以下参照。〔O・N〕

（3）注2の宴会の折に、K・Mさんは『なぜ絵の一〇〇日、絵日記』という美しい私家版の本をO・Nに手渡してくれた（次信参照）。本書の挿絵はこの本からとった。その時にO・Nは、翌二〇二〇年に刊行される予定の『長谷川利行の絵――芸術家と時代』（第56信参照）について話したのだった。〔O・N〕

第47信　O・NからK・Mへ

――2019年12月26日

K・M様

沖縄の会議はとても楽しいものでした。最後の日にいただいた『なぜ絵の一〇〇日、絵日記』をくりかえし楽しんでいます。貴女らしいとても素晴しい絵本ですね。

そのお礼に、今度は私の方から『兄妹通信　二〇一一〜二〇二〇』(1)を来年一月にはお届けしようと思っています。これは貴女からのファクスと私からのファクス、合計四十数通の記録です。楽しみにしていてください。

それはともかく、沖縄会議で小生の引退を表明しましたので、EAPCはもちろん、とりわけPBAの代表委員引退の件について、何卒よろしくご調整をお願いできれば幸いです。金彦鎬(キム・オンホ)先生には、本来直接お目にかかってお話しすべきことですが(2)、貴女からよろしくお伝えいただければありがたく思います。

年末のご多忙時におじゃまして申し訳ございません。また何かの折にお会いできるのを楽しみにしています。

どうかよい新年をお迎えください。

二〇一九年一二月二六日

O・N

追伸　ファクス、今拝見しました。PBAの代表委員の件については、龍澤・加藤さんと相談して来年早々にはご返事申し上げます。

注

（1）本書の基になるK・MさんとO・Nの往復通信のこと。以後K・MさんとO・Nの間では「兄妹通信」と呼ぶようになった。［O・N］

（2）金彦鎬（キム・オンホ）さんは、沖縄会議には体調が芳しくなくて、欠席していらした。PBAはプロローグの注3と第8信の［解説］で見たように、金彦鎬さんとK・Mさんを中心に創設された。したがって代表委員辞退の件は金さんにもご了解いただく必要があると考えたわけである。［O・N］

第48信　O・NからK・Mへ

――2020年1月6日

K・M様

よい新年をお迎えのことと思います。時代はどんどん怪しげな方向に進んでいるようですが、どうか今年もよいお仕事をたくさんなさってください。

本日は昨年末に貴女よりいただいたご要望、つまりＰＢＡの代表委員をあと一年間だけ続けてほしいということについてお答えしたくてファクスを書きました。

年が明けて早々に龍澤さんと加藤さんと相談しました。その結果、一年後の本格的な体制改変のためにも、今年の変動は望ましくないとの貴女のご意見はまことに当然なので、小生が代表委員の役割を続けるべきであると意見が一致しました。

そういう次第ですので、あと一年間ＰＢＡの代表委員を務めさせていただきます。現在の東アジアの知的世界にとって、ＰＢＡはとても重要な存在ですので、小生も微力を尽したく思います。何卒よろしくお願いいたします。

以上とり急ぎのご返事ばかりにて。兄より最愛の妹へ！

二〇二〇年一月六日

O・N

追伸　ささいな事で恐縮ですが、以下の件よろしくご検討ください。例年、春と秋の会合のために、事務局の方が朝八時台の羽田→金浦便を用意してくださっています。しかし今年からは午前一〇―一一時頃出発の便が望ましいと思います。そうすれば昼食は機内食で済ますことができます。事務局側のご配慮・ご負担も多少は減るかも知れません。どうぞよろしく。

第49信　K・MからO・Nへ

――2020年1月8日

O・N様！

ファクスをありがとうございます。

昨日は外部会議まで重なって一日中会議があって、返事が少し遅くなりました。

今年も変わらずお元気で。楽しいことが待っている一年になりますようにお祈りします。

今年までＰＢＡの代表委員職を務めてくださるとのこと、本当にありがとうございます。

ＰＢＡが東アジアの象徴的な出版賞として定着するように、また予算の心配ない国家事業として定着できるよう、今年はさらに努力していきます。

事態が進み次第、またお兄さんのアドヴァイスを求めるようにします。

そして選定会議のために坡州(パジュ)にいらっしゃる時、以前は各国で飛行機のチケットを買ってもらい、領収書をくだされば飛行機代を払っていましたが、いつからか事務局で任意に飛行機のチケットを買って送っていたとは全然知りませんでした。本当に申し訳ございません。

今後は、以前のように自由に時間を決めて飛行機のチケットをお取りになって、その領収書をくだされば、飛行機代を差上げることに調整しました。

この件は、私が龍澤先生にも別にメールします。

これからもいつも一緒に協力してください。

Ｋ・Ｍ拝

V

コロナ禍のなかの本づくり

第50信(2020年1月10日)
——第70信(2020年11月9日)

こもれび ©왜그림

第50信　O・NからK・Mへ（手紙）

――2020年1月10日

K・M様

『兄妹通信　二〇一一～二〇二〇』の第46信までお届けします。これはファクスのコピーですから、少しも手を加えてありません。しかし、ある意味ではとても貴重な資料だと言うことができます。

何回か読み返しているうちに、これを私たちの私的な宝物としてだけとっておくのはもったいない、と思うようになってきました。これは小生の考えですから、貴女のご意見をうかがわなければなりません。

貴女がこのコピーの束をお読みになって、もし私と同様なご感想をお持ちになった場合には、いくつかの可能性が考えられます。言うまでもないことですが、K・Mさんがどんな理由であれ、これはあくまで私的な宝物としてだけ扱うべきとお感じになるのであれば、その時点で小生の考える可能性は自動的に消滅します。万一、そういうことになっても『兄妹通信』が私たちの宝物であることには全く変わりはありません。

ですから、ゆっくりコピーに目を通していただき、その上で率直なご感想をお聞かせいただければ幸いです。もちろんPBAの選考委員会の時でも結構ですので、よろしくお願いいたします。

二〇二〇年一月一〇日

O・N

追伸　念のため、現時点で小生の考えている「可能性」について輪郭だけお伝えしておきます。今年いっぱいファクス通信を続けながら、全体の字句の訂正や確認を行います。文脈が分かるように注も付ける必要があります。その上で私と貴女が分担で序文や解説を書きます。小生が韓国語ができないので、最初は日本語で以上の作業を行い、併せてまず日本語での出版の可能性を探ります。

韓国の民画の虎　Ⓒ왜그림

第51信　K・MからO・Nへ（手紙）

——2020年1月27日

O・N様！

送ってくださった小包を慎重に開けたとたん、「兄妹通信 二〇一一～二〇二〇 カン・マルクシル、大塚信一」というタイトルを見て、感激のあまり胸がいっぱいになりました。最初のページにいくつかの単語で圧縮されたこれまでの時間と関係が、多くの感情を呼びさましたためでしょう。また、私の手紙を一〇年間、日付別に漏れなく大事になさってくださったということも感動でした。きちんと整理することができないまま持っている私がとても恥ずかしくなりました。そんな胸中の思いを押さえて、手紙の束をそのままにしておいて、旧正月の連休に家でじっくり読んでみました。

読み終えたら、ああ、お兄さんへ私の心をこめて、なぜもっと多くのことを語れなかったのか、そんな心残りがありましたが、一方では、翻訳出版やEAPC、PBAなど、公的な内容が媒介となってプライベートな話を交わすことができたという思いで、私自身、EAPCの過ぎ去った道をたどることができました。そのような点でおっしゃる通り、私的な貴重な資料であると同時に、両国間の交流の痕跡も具体的に込められていると思います。

しかし、私の文章の不足と不器用さが恥ずかしくて、あえて出版の可能性までは一度も考えたことがないので、果してどのような形で可能なのかということなどについては、その意味と方法とともに、ＰＢＡ選定会議の時に直接お会いして詳しい話をしたいと思います。足りないところが多い私の手紙まで心をこめて愛していただいて本当にありがとうございます。

いつも私を支持してくださり、応援してくださるお兄さんに変わらぬ感謝の気持ちをお伝えします。新年にもっと元気で楽しいことばかりありますようにお祈りします。

二〇二〇年一月二七日

Ｋ・Ｍ拝

追伸　韓国では紅参（ホンサム）を万能薬のように飲んでいますが、お好きかどうか分かりません。韓国の紅参の中でも農薬を使わない六年根紅参で作ったエキスだそうです。中に入っている小さなスプーンで一杯ずつ一日三度召しあがったり、お湯に蜂蜜と一緒に溶かして召しあがってもいいです。

第52信　O・NからK・Mへ

――2020年1月31日

K・M様

お手紙と紅参（ホンサム）をお送りくださり、ありがとうございます。

『兄妹通信　二〇一一～二〇二〇』を読んでくださったとのこと、とても嬉しいことです。そして出版についても、絶対反対というわけではないとおっしゃってくださったので、次回のPBA選定会議までに小生の案をつくってみます。それを見ながら二人で検討するということでいかがでしょうか。

私にとっては楽しみがまた一つ増えることになります。精一杯興味が持てるようなプランを考えますので、楽しみになさっていてください。

紅参は日本でもよく飲まれています。私も好きなので楽しみに毎日飲みたいと思います。ただ、昨年のソウルでの私の八〇歳誕生パーティで頂戴した特別な長寿薬「天鹿（チョンノク）」もおいしく飲んでいますので、両方飲むといったい何歳まで長生きしてしまうのでしょうね。――それが問題です。

温かいご配慮に感謝しつつ、愛する妹へ。

二〇二〇年一月三一日

O・N

追伸　これは御礼のファクスですので、ご返事はどうかご放念ください。

第53信　O・NからK・Mへ（手紙）

――2020年2月6日

拝啓

お元気にご活躍のことと思います。

共同通信社からの依頼で同封のような文章[1]を書きました。EAPCの歴史と意義が明らかになることを願ってのことです。

EAPCでは長いこと、たいへんお世話になりました。改めてあつく御礼申し上げます。

皆様のお力でＥＡＰＣがさらに隆盛になることを、心から期待しております。
いつかまたお会いすることができれば幸いです。

敬具

二〇二〇年二月六日

Ｏ・Ｎ

Ｋ・Ｍ様

追伸　右の文章は、日本の友人あてのものです。他の新聞では「東アジア間　友情築く」という見出しを付けてくれた例もあります。

本当に長い間お世話になり、ありがとうございました。でもＫ・Ｍさんには、ＰＢＡの件でお会いできますので、楽しみにしています。

注

（1）　同封記事は以下の通り（共同通信社配信、『日本海新聞』二〇二〇年二月二日。挿絵、筆者写真・略歴は省略）。

［随想］ ある国際会議のこと

大塚 信一

昨年一一月下旬、那覇の沖縄大学で第二七回「東アジア出版人会議」という民間の国際会議が開催された。二〇〇五年に創設されたこの会議は、その後毎年二回、メンバー各地域の持ち回りで、日本・中国・韓国・台湾・香港・沖縄で行われてきた。

この会議は、人文・社会科学を中心とする硬派の出版社(人)の集まりで、毎回三五人ぐらいの常連の他に一〇人前後の若い出版人が参加する。今回のテーマは「出版と文化交流」だった。

二日間朝から夕方までまじめに発表し議論する。三日目は観光や小旅行を楽しむ。その間食事や宴会をとおして親交が深まる。一〇年以上続けてきたので、参加者同士の深い友情が築かれてきた。

いろいろなことがあった。数年前、北朝鮮との軍事境界線に隣接している韓国・坡州(パジュ)市での会議の時には、厳戒態勢下、当時の朴槿恵(パククネ)大統領が現れ、一五分ほどのスピーチを行った。またささいな行き違いから、日韓メンバーが対立したこともある。だが、双方の努力によって、事態はすぐ解決した。

最初のうちは公式的な意見の表明が多かった中国の参加者も、近年では本音を聞かせてくれるようになった。今では香港問題などについて、率直な意見の交換ができる。

沖縄は数年前からメンバーになった。それまでは中国・韓国・台湾・香港という、かつては日本軍国主義の被害を受けた諸地域と、加害側であった日本という構成であった。それが会議の上で話題になったことは一度もない。しかし日本側メンバーの心の底で、反省の念が消えることはなかった。

数年前から東アジアにおける政治的・経済的緊張が見られるようになってきた。とりわけ日中、日韓の間で緊迫した事態が生じた。だが私たちの会議とは無関係だった。

昨年七月、反日デモと日本製品の不買運動が渦巻くソウルの中心地で、韓国メンバーは私の八〇歳の誕生日を盛大に祝ってくれた。中国や台湾、香港のメンバーも加わった。それは私にとって、この上ない喜びであった。

昨年の沖縄会議を終えて、私は友人とともに早朝の便に乗るために、まだ暗い空の下、空港に向けてホテルを後にしようとしていた。実は会議の最終日に、私は高齢を理由に会議から引退する意向を表明していたのであった。

昨夜すでに別れの挨拶を交わしていたのに、二人の中国メンバーが見送りにきてくれた。ようやく東の空が明るみはじめた頃、私たちは彼女らと熱くハグして車に乗り込んだ。

車が動きだすと、「明けもどろ」(沖縄の古いことば、朝焼けの意)は、あっという間に空いっぱいに広がった。

この会議と各地域のメンバーに対する、私の感謝の思いが尽きることはない。

(元岩波書店社長)

第54信　K・MからO・Nへ（手紙）

――2020年2月21日

大塚先生!!

この前、紅参（ホンサム）を受領後に送ってくださったファクスも、ありがたく読ませていただきました。共同通信社配信の文章を読んで感慨深かったです。ＥＡＰＣに対する先生の愛情と関心をたっぷり感じることができました。

何よりも、一緒だった人々に対する深い情がにじみ出る場面では、多くの記憶が浮かび上ってきて、涙ぐんでしまいました。

ＥＡＰＣは、〝何もない無状態から何かを生み出すこと〟を私に気づかせてくれた大切な交流です。厳しい環境の中でＥＡＰＣという種を植えてくださった日本の三人の先生、改めて感謝し尊敬します。

アジアで唯一実施されている出版文化賞であるＰＢＡは、何とかして継続していけるように、韓国の全メンバーがさまざまな方法を講じています。大塚先生をはじめとする海外の代表委員・選定委員の皆様の応援で、きっとうまくいくことを信じています。

韓国側と日本側は最終会議の日程について合意に至りましたが、中国側の状況がコロナのためいろいろ良くないのか、まだ選定会議の日程についての返答さええられていないので、もう少し待って確定次第、またお知らせします。

くれぐれも健康を祈って、五月に坡州（パジュ）でお目にかかれることを心待ちにしております。

二〇二〇年二月二一日

妹マルクシル拝

第55信　O・NからK・Mへ

——2020年2月27日

K・M様

二月二一日付のお手紙をありがとうございました。PBAの今後の方針について、状況がよく分かりました。

K・Mさんのご活躍の様子が想像できて、思わずほほがゆるんでしまいます。ところでコロナ・ウイルスのこと、日本はもちろんですが、韓国でも厳しい状況になってきましたね。かつて、私が一人で韓国内を旅行していた時、大邱(テグ)で日本語のできる大学生と韓国料理店のウェイトレスに街を案内してもらい、とてもお世話になったことがあります。大邱という大都市が非常事態になっていることが、心配でなりません。

コロナ・ウイルスの危機から韓日両国が(言うまでもなく、中国をはじめ世界中でコロナ・ウイルスに冒されている国々もですが)、一日も早く回復できますように祈っています。

くれぐれもご自愛くださいますように。

二〇二〇年二月二七日

愛する妹へ　O・N

追伸　これはお礼のファクスですので、ご返事は無用に願います。

第56信　K・MからO・Nへ（手紙）

――2020年6月10日

大塚先生！

ソウルは連日、昼の気温が三〇度を超える酷暑が続いていますが、幸いに朝夕はまだ涼しくて堪えられます。

早くご挨拶をしたいと思っていましたが、遅くなりました。

韓国はコロナが座り込むかと思いきや、また飛び火を繰り返しながら一ヶ月が過ぎました。患者発生が〇人までになったのですが、五月初旬の連休に若者がよく行く梨泰院洞(イテウォンドン)のクラブで再び発生し始めたため、今まであちこちに拡がり、ソウルを中心として一日三〇人前後の感染者が発生している状況です。

みんな予防に疲れていますが、慎重にすべきことをやりながら生活しています。

サゲジョル出版社は、そうでなくても社員中心に生活していて、大した心配はないのですが、映画館と劇場、カフェを兼ねているエム（EMU）の場合、いつも気をもみながら心配しています。

それでも毎週土曜日に、エムのすぐ隣の慶熙宮(キョンヒグン)の森で私が行う解説は、いつも人気です^^ハハ！

二時間近く、慶熙宮の森を回りながら、森の解説をしています。

先生の貴重な本(1)をいただいて、本当に嬉しかったです。

長谷川利行という画家は初めて聞きましたが、絵を見るととても独創的で、美術のある図式を一挙に壊してしまうような感じで圧倒されました。

よくご存知だと思いますが、韓国にも李仲燮(イ・ジョンソプ)(2)という画家がいましたが、その画家の一生とも何となく似ているような気がします。

まだ読んでないですけど丁寧に読んで、いつかお兄さんにお会いする時に話したいと思います。

お兄さんの健康が一番重要ですから、くれぐれも健康に気をつけて、楽しくお過ごしください。

本の出版を重ねてお祝いいたしながら、一日も早くお目にかかれる日を待ちながら……。

二〇二〇年六月一〇日

妹マルクシル拝

注

(1) O・N著『長谷川利行の絵——芸術家と時代』作品社、二〇二〇年。

(2) 一九一六—五六。韓国の画家。平原(ピョンウォン)生まれ、東京に留学、帝国美術学校、文化学院美術科で学んだ。在学中に自由美術協会の第二回展に入賞(一九三八年)、同協会員となる。帰国(四五年)後、日本女性山本方子（韓国名、李南徳）と結婚。元山師範学校で教鞭を執る。独立美術協会を結成（四六年）、朝鮮美術文化協会会長（四七年）を務める。朝鮮戦争中、南へ避難、韓国軍の従軍画家となり（五二年）、釜山、済州などを転々としながら制作。画材を買えなかったのでタバコの箱の銀紙に鉄線で描いた絵は、後に高く評価される。生活苦で妻子を日本に送って以降、心身の健康を損ね、家族との再会を待たずに病没。西洋絵画の技法で韓国的情緒を表現、代表作に〈牛〉（ニューヨーク近代美術館蔵）、〈子供と魚と蟹〉など。

第57信　O・NからK・Mへ

——2020年6月24日

K・M様

六月一〇日付のお手紙と本をありがとうございました。本は、お嬢さんが絵をおかきになったものだと思うのですが、私の韓国語理解の程度は低いので、もし間違っていたら、ゴメンなさい。とても生き生きとした素晴しい絵です。サゲジョル社の本はいつもとても美しい！

K・Mさんの『絵日記②』を楽しみにしています。いつできますか？

拙著『長谷川利行の絵——芸術家と時代』を読んでいただけるとのことで、ご批評を楽しみにしています。評判は割合によくて、産経新聞と共同通信のインタビューを受けました。共同通信の配信は月末になるので、七月初めには手に入ると思います。両方そろいましたら、ご参考までにコピーをお届けします。

ＰＢＡの日本側の選考委員会の作業は進んでいるようです。加藤敬事さんから連絡をもらいました。今月末～来月初め、皆で集まって最終的な方向を決めるとのことです。

〝コロナ〟の影響で、日本でも市民生活のあり方が根底から変わろうとしています。今回の危機をきっかけに世界中が生まれ変わってくれることを願わずにはいられません。これまでの過剰な経済活動による地球の破壊と今回の騒動とは、連動しているように思えてなりません。一例だけあげると、今回の〝コロナ〟のおかげ(？)で、中国の大都市は青空をとり戻しているようです(近頃ＰＭ2.5の汚染の話を聞きません)。とすれば、〝コロナ〟は、古い言葉を使えば、〝天の摂理〟による地球と人間の自浄作用だとも考えられます。

ようやく他の仕事を終えることができましたので、そろそろ『兄妹通信』の下原稿づくりにとりかかろうかと思っています。まず、この記録がどうして生まれることになったのか読者の方々に理解してもらえるように、ＥＡＰＣのことを説明する必要があります。その〝プロローグ〟に当る文章を、私がまとめてみます。それができましたら、貴女に見ていただき、ご批評をお願いします。同時に貴女の第1信を例にして、下原稿の原案を私が書きます。これについても、ご批評と訂正をお願いします。

これが最初の作業になると思いますが、それでよろしいでしょうか。ぜひ、ご意見をお聞かせください。

次回ソウルを訪れる時には、ぜひ慶熙宮(キョンヒグン)の森で貴女の解説を聞かせていただきたいものです！

どうかお元気に、愛する妹へ。

二〇二〇年六月二四日

O・N

第58信　K・MからO・Nへ

――2020年7月27日

懐かしいお兄さん、大塚先生！

韓国は七月に入ってから始まった梅雨が長くなっています。八月初めまで続くようです。

雨が好きな私は、こんな天気が良くて、雨上がりに尋鶴山(シムハクサン)(わが社の後ろにある)に行ってきたりします。先生のおっしゃる通り、コロナは「天の摂理」で、これ以上耐えられない地球の自浄作用だという気がしている今日この頃です。

江華島（カンファド）に住んで一三年目ですが、夕日の空がこれほど美しいとは初めて知りました。遠くの山々がこんなに目の前まで来てくれたのも初めてです。一時間半ほど町内を歩いていると、時々刻々と変わる空の光がどれほど変化に富み、広大なのか、光が織り成す風景の変化をその都度、絵に描こうとした印象派の画家の心情が理解できます。

六月二四日に送っていただいたファクスに対する返信を、今までできなくて申し訳ありません。七月二一日に行われた上半期の評価や下半期計画の全体会議（幸い、コロナ事態の中でも、数年ぶりに良い成果を出して、下半期も期待しています。社員たちは皆、成果給をたくさんもらえる一年になることを祈っています）を控え、チーム別の会議や個別ミーティングが続き、おまけに週末まで家事などさまざまなことが重なり、先週からようやく、自分の時間を作ることができるようになりました。送っていただいたファクスと先週届いた小包の中の文書を、週末に再び読んでみました。

まず、この前小包に私の手紙と一緒に入れた本『庭に出た雌鶏』は、出版二〇周年を記念して尹芸智（ユン・イエジ）という画家が最近の若者の感覚に合わせて、絵を描き直した本です。初版に絵を描いた金歓泳（キム・ファンヨン）という画家の本も、依然として同時出版されています。その本ばかり探している人がいるほど、相変わらずあの方の挿絵も人気です。日本であの本が出版された時も、金歓泳の絵が好評だったように記憶しています。

私は相変わらず下手ですが、絵を続けて描いています。いつかお会いしたら、恥ずかしい絵ですがお見せします。

小包の中の手紙と文書を読みながら、私のつまらない手紙をこうして整理してくださったことと、几帳面にチェックしてコメントと解説までいちいちつけてくださったことに、恐縮しています。改めて感謝の気持ちをお伝えいたします。

また二〇〇九年六月に送った手紙は私もすっかり忘れていましたが、このように見つけてくださって、私もどれほど嬉しいことか分かりません。(1)

先生が私に確認を依頼された個所について、一つずつお答えします。

［1と2は省略、それぞれ「プロローグ」注1および注2と第1信の［解説］で引用されている］

3．大塚先生がすべての資料を私よりもっと几帳面に保管したはずだと信じて、私が持っている資料は探そうとも思わなかったんですが、先生が最初の手紙を最近探し出したのを見て、もしやと思って私も私の資料を調べてみました。あ、初の手紙以後、やり取りした二枚のファクス［第2信と第3信］を見つけました！　これは一緒にファクスでお送りします。

4．エピローグは先生と私がやり取りしたすべての文章にもう一度目を通した後、感想を込めて書いてみます。エピローグを書けと言われて光栄です。

5. 校正紙が出たら、その時にまた私の文章の一つひとつを細かく見ることにします。

一日も早く、お兄さんに慶熙宮(キョンヒグン)の森の解説をできる日を待ちながら……。

[差し出し人のK・Mさんの署名や日付なし(2)]

注

(1) 第1信の[解説]参照。

(2) 長いファクスである。社長として超多忙の毎日を送っているなかで、これだけ長文の通信を書いていただけたことに、心から御礼を申し上げたい。あのK・Mさんにして、差し出し人の署名を書き忘れるほど多忙な状況が、痛いほどよく分かる。感謝以外の言葉を見つけることができない。[O・N]

第59信　O・NからK・Mへ

――2020年7月28日

K・M様

昨日のファクス脱落分二枚をさっそく送ってくださり、ありがとうございます。ファクスの不具合のおかげ(?・)で、今朝も貴女の元気そうなお声を聞くことができました。全部を詳しく拝読したので、ご返事申し上げます。

『庭に出た雌鶏』についてのご教示、ありがとうございました。私が韓国語を理解できないので、恥ずかしい思い違いをしてしまいました。そんなに有名な絵本だとはまったく知りませんでした。頂戴した本を大切にします。

それはともかく、貴女の『絵日記②』——江華島(カンファド)の風物詩とも言えるものです——をぜひ拝見したいものです。次回お会いする時には！

ところで、二〇〇九年六月一八日の小生のファクスと七月三日のご返事について、これはK・Mさんの大発見です。おかげさまで、われわれの『兄妹通信』はさらに充実したものになります。ありがとうございました。

それから、先にお送りした第一稿に関する私の質問に対して詳しくご回答くださり、感謝しています。それに基づいて第一稿に手を加えます。このように『兄妹通信』は時間と手をかけ、じっくりと熟成させたいものです。時間のある小生は楽しみながら第一稿を作り、少しずつお届けします。ただでさえお忙しい貴女は、お時間のある時にお目通しいただければ幸いです。でも絶対に無理はなさらないでくださいますように！

貴女のファクスの文章を、日本の読者により深く理解してもらえるように、多少手を入れさせていただいていますが、何か不都合なことがあれば、いつでもご指摘ください。すぐ訂正いたします。そして「エピローグ」は、『兄妹通信』をすべて読み終えられた後に、ゆっくりと時間をかけてまとめていただければ、と思います。

二〇二〇年七月二八日

愛する妹へ　O・N

（これは詳しい貴信に対する感謝ですので、ご返信は無用に願います。）

第60信　K・MからO・Nへ

――2020年8月7日

お兄さん、O・N様

送ってくださった小包、お昼休みに確かに受け取りました。

プロローグと第1信から第16信まで念入りに書き直していただいて、いちいちコメントしてくださった文章と、共同通信社と産経新聞のインタビュー記事をよく読んでみました。

記事の内容が読みたくて、共同通信社のホームページに入って検索しても出てこなくて残念でしたが、送ってくださって本当にありがとうございます。

まず、付箋をつけていただいた個所のうち、タンとチゲの違い(1)と二〇一二年PBA受賞者の名前(2)だけを書いてお送りします。［両者の記述は省略］

私がコメントをする部分やエピローグなどは一次校正刷が出た後に、詳細に行ってもよいでしょうか。というのは、先生の筆記体部分の中にたまに私の日本語の実力では予想がつかない文字があって、校正刷を見れば正確に読めると思うからです。私は日本語の印刷体に慣れているものですから、申し訳ございませんが(3)。

手紙を読んでいると、昔のことが思い浮かび、本当に感慨深いです。こんな贈り物のような祝福を与えてくださって、どんなに感謝しているか分かりません。

コロナのせいで会えなくなると、もっとお会いしたくなりますね。

一日も早くお目にかかれる日が来ることを願いながら……。

二〇二〇年八月七日

妹　より

注

（1）第10信の注1参照。

（2）第12信の注2参照。

（3）申し訳ないのは、もちろんO・Nの方である。二一世紀の現在、手書きの日本語原稿に、K・Mさんにはお付き合いいただいているのだから。K・Mさんはいつでもコンピュータで通信を書いて送ってくださる。ついでのことに言うならば、本信末尾の「妹」に続く空白には、いつもご自身の署名を手書きで記入してくださるのだが、それを失念なさっていらっしゃるのは、いかにご多忙中に返信してくださっているかを示している。重ねて申し訳なく思う。なお、第67信参照。［O・N］

第61信　O・NからK・Mへ（手紙）

——2020年8月14日

K・M様

東京では連日三七度に迫る酷暑が続いています。韓国では漢江（ハンガン）があふれたという報道を見て心配していましたが、過日のお電話では、坡州（パジュ）や江華島（カンファド）など北部は大丈夫ということで安心しました。

日本でも台風による大雨によって九州、そして東北でも大きな被害が出ています。地球温暖化による南方の海水温度の上昇が異常気象の原因と言われています。小生には、コロナ問題もこうした一連の地球環境破壊と連動しているように思えてなりません(科学的にその因果関係はまだ立証されてはいませんが)。

第17信から第31信までお届けします。お時間がある時にお目通しください。でも絶対に無理をなさらないようにお願いします。

韓喆熙(ハンチョルヒ)さん(1)に拙著『長谷川利行の絵』をお送りしました。いただいたご返事の中に次のような一文がありました。「毎年、二、三回は会っていましたが、こんなに途絶えてしまって離散家族になったようです。自由に往来しながら会っていた時がとても懐かしいです。いつかまたそんな日が来るでしょう。出来るだけ早く元気な姿で会いたいです」。EAPCの仲間は皆、同じように感じているのですね。

どうかお元気に！　最愛の妹へ

二〇二〇年八月一四日

O・N

注

(1) EAPCの前会長。見事な日本語でご返事をいただいた。第12信参照。

第62信　K・MからO・Nへ

――2020年8月24日

懐かしいお兄さん、大塚様！

今日、一週間ぶりに出勤したら小包が来ていて、どんなに嬉しかったか分かりません。いつも次の手紙が待ち遠しい小包です。

私は先週病院に一週間入院していました。

おかげさまで手術はうまくいき、週末にゆっくり休んで、今日から出社しております。

東京は三七度に迫る猛暑日が続いたとのことで、お体に気をつけてください。韓国は近年には珍しく、六〇日近く一日も欠かさず雨が降る梅雨が長く続き、数日だけ太陽が輝いてから、今週はまた台湾から雨と強風を伴った台風がやってくるそうです。

おっしゃるとおり、気候温暖化で南極の海水温度が上昇して、世界的に異常気温が続くそうですから、人間が地球を壊し過ぎ、地球のエネルギーを短期間で集中的に消費してしまった結果だと思います。コロナも異常気象も、すべて人間が犯した行為に対する罰のように感じます。

社会や自然のさまざまな良くない現象を見ながら、「なぜこうなったのか、どうしなければならないのか」という問いだけが飛び交う今日このごろです。

幸い、このような混乱の時代に本を求める読者たちは、相変わらず本を見つけてくれ、連帯の力に対する希望の芽を見ることができます。

暑さの折、ますますご健康にお気をつけられるようにお祈り申し上げます。

二〇二〇年八月二四日

妹マルクシル拝

第63信　O・NからK・Mへ（手紙）

――2020年8月25日

K・M様

昨日はお元気そうなお声を聞かせてくださり、ありがとうございました。

でもファクスを拝見してびっくりしました。手術をうけて一週間も入院していらしたとは……。

昨年も「鉄の女」の貴女が入院なさって、信じられなかったのですが。

とにかく、くれぐれもご自愛くださいますように。何と言っても、サゲジョル社は本当に大切な出版社ですからね。

ご入院のことを聞いて、この通信がますます重要なものに思えてきました。社会が病んでいる時に、K・Mさんのような出版人がどれほど求められているか――出版という営為の一つは、社会の病理を診断し、できれば処方箋を提示することに他ならない、と私は考えているからです。

第32信から第42信までお届けします。厚かましくも『朝鮮日報(チョソンイルボ)』記事の翻訳までお願いしていますが、けして無理はなさらないでください。

PBAの受賞者決定を楽しみにしています。この重要な賞が持続していることを、東アジアに向けて発信する必要がありますからね。

EAPCの方は(私は引退しましたが)、現下の状況では簡単に再開することは難しいと思わざるをえません。でも各国に知恵者がいるし、優秀なベテラン編集者がたくさんいるので、必ず新しい道を切り拓いてくれると確信しています。

どうかお元気に！　愛する妹へ。

二〇二〇年八月二五日

O・N

第64信　K・MからO・Nへ

——2020年9月3日

懐かしいお兄さん、大塚先生！

韓国ではメイサークという台風(1)が昨日韓国の南側をはじめ全国を襲った後、今日の午前に北側に抜けました。幸いにも、ソウルや坡州(パジュ)、江華島(カンファド)などは思ったより大きな被害はなく無事に終わりました。もう一つの台風(2)が来るそうなので心配です。

梅雨も長く、コロナ陽性者もぐんと増えたのに、落ち着く気配がなく、台風まで吹きまくって、困っている人はさらに大変です。

わが社は、全社員の熱意と神の祝福で、うまく行っています。

私の手術のことを聞いて、大変驚かれたと思いますが、ご心配をおかけして申し訳ありません。おかげさまで、幸いに健康状態はますます良くなっています。誰かが私に、「リノベーションした建物は長続きする」と言ってくれたので、笑ってしまいましたね。

先生のおっしゃる通り、出版人として本を通して社会の病理を診断し、健康な共同体になるための提案を続けていけるよう、健康に気をつけながら、もっとすべきことに集中していきます。
くれぐれも、大塚先生や奥様をはじめご家族みんなで、健康で楽しい生活をお過ごしください。

二〇二〇年九月三日

妹マルクシル拝

付箋が付いている個所について、一つひとつ書いていきます。私が書いたコメントや説明などが長すぎる場合には、先生が自由に縮約してくださっても結構です。先生がいちいち手書きで整理した文書を見るだけでも、胸が騒ぐほど感動が襲ってきます。どんなに感謝しているか分かりません。

「以下、(一)カフェEMU[3]」、(二)『朝鮮日報(チョソンイルボ)』記事[4]、(三)二〇一五年PBAブック・デザイン賞[5]、(四)二〇一五年六月から二〇一八年二月までの通信の欠落[6]、(五)洪命憙(ホン・ミョンヒ)先生とサゲジョル出版社との関係[7]、についてファクス四枚以上の記述があるが、省略する」

注

(1) 日本でいう台風第九号のこと。

（2）同じく台風第一〇号のこと。
（3）第34信の注1参照。
（4）第36信の［解説］参照。
（5）第37信の注1参照。
（6）第38信の［解説］参照。
（7）第42信の注3参照。

第65信　O・NからK・Mへ（手紙）

――2020年9月8日

K・M様
台風の影響は、日本でいう第九号の場合は、韓国ではそれほどでもなかったようで安心しました。第一〇号の方はいかがでしたか。日本では両台風による被害が少しずつ明らかになってきています。コロナも巨大台風も、私見では、私たちのこれまでの生活態度と大きく関わっているように思うのですが、K・Mさんのご意見はどうですか？

第44信から第54信までお届けします。

前回は注などいろいろと書いていただき、恐縮に存じます。『朝鮮日報(チョソンイルボ)』記事のことも、多大のご配慮をありがとうございました。しかしそのおかげで、私たちの通信の空白期についての新たな感慨が生じてきましたし、何よりも洪命憙(ホン・ミョンヒ)先生に関わっての私たちがよく知らなかったK・Mさんのご活躍の様子もはっきりと分かり、大感激しています。

わが妹が、南北朝鮮の出版の歴史に名を残す大出版人であったとは、改めて感嘆するばかりです。

今回はそんなに注を書いていただくこともなさそうです。でも、少しでも気になる個所があれば、ぜひ注を付してご意見を記してください。それによってこの通信がどれほど豊かになるか分かりません。

それから、K・Mさんの『絵日記』から、数葉ばかり挿絵として使わせていただければ幸いです。その他にはEAPCやPBAでの折々の、二人が写っている写真なども使いたいですね。

次回、通信の最後の部分をお届けする時には、その候補のコピーも同封したいと思っています。

安倍総理が病気で退陣を表明し、日本政治はますます混沌としてきました。

どうかくれぐれもお身体を大事になさってください。

二〇二〇年九月八日

愛する妹へ　O・N

第66信　K・MからO・Nへ

——2020年9月17日

大塚先生！

送っていただいた小包はありがたく受け取りました。

坡州（パジュ）と江華島（カンファド）は朝夕涼しい空気が漂い、秋を迎えたことを実感できます。

その長い梅雨と台風の中でも幸い稲は、例年に比して少し遅いですが、黄色く実っていきます。

コロナでなければ江華島の広い野原はとても平穏です。

先生のおっしゃる通り、コロナに重ねてこの夏に大型台風が連続してやってきたのも、人間が自然を貪欲に殺戮していく速度をコントロールできなかったことから発生したのだと思うと、人間の貪欲を崩さない限り、果たして人間と地球の未来は可能なのだろうか、という気さえしてきました。

この前書いて送った資料を、楽しく読んでくださったようで、この上なく嬉しいです。私がお送りしたものを、縮めて一つひとつ丁寧に書いてくださったのを見て、また感動がこみ上げてきました。

日本では菅義偉自民党総裁が首相に選出されたというのですから、依然として韓日関係改善はしばらく難しそうです。いろいろと心配がさらに多くなりますね。

私のつまらない『絵日記』から挿絵を使ってくださるとは、私としてはどんなに光栄なことか分かりません。絵や写真などを選んで次の手紙と一緒に送ってくだされればよく調べます。

そして今年も先生のおかげで、PBAの選定作業は無事に終わりました。Eメールで意見を交わしたのですが、大きな困難もなく幸いにうまく仕上げられました。授賞式も開催することが困難なため、受賞者と選定作品に関する情報や受賞の感想などを映像化して各国にお送りする予定です。これしかできないのが本当に残念ですが、厳しい環境の中で情熱と愛情を持って選定してくださった各国の推薦委員と選定委員の方々に、大きな感謝の気持ちを抱きます。

1. 著作賞　権(クォン)ポドレ『三月一日の夜』トルベゲ社、二〇一九年（韓国）
2. 企画賞「シリーズ 中国の歴史」全五巻、岩波新書、二〇一九―二〇年（日本）
3. ブック・デザイン賞　張志奇(ジャン・ジーチー)（中国）
4. 特別賞『緑色評論』（韓国）

くれぐれもご健康をお祈りしながら、ここまでにします。

二〇二〇年九月一七日

K・M拝

［以下、（一）ちひろ美術館・東京[1]、（二）K・Mさん入院の理由[2]、（三）韓国の「文体部」[3]についての記述があるが省略］

注

（1）第44信の注3参照。

（2）第44信の注4参照。

（3）第46信の注1参照。

第67信　O・NからK・Mへ（手紙）

——2020年9月23日

K・M様

九月一七日付のファクスをありがとうございました。

何よりも、PBAの今年度の受賞者決定のニュースに、心からお祝いを申し上げます。コロナ・

ウイルス影響下の困難な時代に、このような重要な国際出版文化賞が健在であることを実証なさった貴女をはじめとする韓国の皆様に、深い敬意を表します。

できることなら、例年の如く、坡州(パジュ)の授賞式に参加し、受賞者の皆様にお祝いの言葉を申し上げ、同時に貴女をはじめ多くの関係者と再会したいと夢想していましたが、それが不可能であるのはやむをえません。ファクスにあるように、賞に関わる情報を映像化して各国の受賞者・関係者に送付するのは、現時点では最善の方法だと思います。

唯一残念なのは、私が代表委員の一人として、何もお役に立てなかったことです。が、それもこの『兄妹通信』で記録に残すことができると思うと、救われた気持ちになります。

第55信から第65信までお届けします。この部分を整理していて、K・Mさんにおわびしなければならないことを発見しました。それは第60信にある貴女の要請――コメントや「エピローグ」の執筆は、出版する時に校正刷を見た上で行うことができないだろうか――に、私がきちんと答えていない、ということです。加えて貴女の要請を無視するかの如く、いわば強引に多忙な貴女に手入れを強要してしまったことに、今更ながら気づきました。まことに申し訳ございません。どうぞお許しください。

遅まきながら、改めてお答えしたく思います。コメントや注に関しては、第一次校正の時でも可能です。ただ「エピローグ」については、それがないと本の形をなしません。換言すれば「エピローグ」こそ『兄妹通信』の要になるものです。それが欠けていると、どの出版社にも出版の検討を依頼することが難しいでしょう(それこそ〝釈迦に説法〟で恐縮ですが……)。

貴女の要請の原因が、小生の手書き原稿の判読の困難さにあることは十二分に承知しておりますので、大変恐縮ですが「エピローグ」だけはどんなに時間がかかってもおまとめいただければ幸いです。

ところで、九月一七日にファクスをいただいた時、私が外出していたのは、青年劇場という古い劇団の公演を見にいっていたからです。私は半世紀も前に、劇作家の飯沢匡さん(黒柳徹子さんらを世に送り出した。O・Nは岩波新書で、時の首相・田中角栄が関与したロッキード汚職事件を中心に、『武器としての笑い』を一九七七年に書いてもらった)からこの劇団を紹介されました。それ以来五〇年間、公演毎に一回も欠かさずに招待状を送ってくれる、ユニークな劇団です。

第一二四回公演「星をかすめる風」は、韓国の国民的詩人と言われる尹東柱(1)の詩と生涯を描いたドラマで、感動的でした。両隣りが空席の劇場で舞台を見るのは初めての体験でしたが、やはり生の舞台は盛り上りますね。

EMUでの公演はもう始めていらっしゃるのでしょうか?

私たちの『兄妹通信』は、今年のPBAの受賞者が決まったことで、ようやく幕を引くことができるようになりました。K・Mさんのおかげです。しかもPBAは来年以降も、より安定した運営が見込まれるようになり、こんなに喜ばしいことはありません。私にとっては最後の一年間、現実的に何もお役に立てずに過ぎてしまいましたが、前からお願いしているようにPBAの代表委員は、これを以って辞退させていただければ幸いに存じます。

すでに書いたように、今年いっぱい——といってもあとわずか三ヶ月です——通信を続けて、その上で貴女に「エピローグ」を執筆していただくと、私たちの『兄妹通信二〇〇九〜二〇二〇』は完結します。以上のような次第ですが、貴女の方でお気づきの点があれば、何なりとご指摘いただきますように。

最後になりましたが、お身体をくれぐれも大切になさってください。

二〇二〇年九月二三日

愛する妹へ　O・N

注

（1）一九一七—四五。「満洲」の間島の明東（現、吉林省龍井）生まれ。その七年前には韓国併合条約が調印され、日本の植民地支配が始まっていた。地元の小・中学校、平壌（ピョンヤン）の崇実中学を経て、再度龍井に戻り光明学園中学部を卒業。ソウルの延禧専門学校文科卒業（一九四一年）。四二年東京に渡り、立教大学に選科生として入学。半年間在席した後に、同志社大学英語英文学選科生として転学。在学中に治安維持法により検挙され(四三年)、懲役二年の判決を受けて福岡刑務所で服役中に獄死。戦後(四八年)、詩集『空と風と星と詩』が出版された。その中からよく知られた「序詩」(金時鐘(キム・シジョン)訳、岩波文庫)を引く。

序詩

死ぬ日まで天を仰ぎ
一点の恥じ入ることもないことを、
葉あいにおきる風にさえ
私は思い煩った。
星を歌う心で
すべての絶え入るものをいとおしまねば
そして私に与えられた道を
歩いていかねば。

今夜も星が　風にかすれて泣いている。

第68信　K・MからO・Nへ

——2020年10月9日

大塚先生！

いよいよ『兄妹通信』が、大団円の幕を閉じることになりましたね。

この通信を整理しながら先生が見せてくださった、愛情と真心に頭が下がるばかりです。私もこの通信を読みながら、東アジア出版人会議のメンバーたち、特に日本の皆様一人ひとりの方々に対して格別な思い出をもって振り返ることができる、本当に楽しくて貴重な時間でした。

日本の先生たちでなかったら、東アジア出版人会議も生まれなかったし、とりわけ先生にお目にかかることもできなかったと思うと、東アジア出版人会議がどれほどありがたく、情のこもった集まりだったかを改めて実感しました。

先週の土曜日の午前中、登山中に加藤先生のこと(1)を聞いて、しばらく思ってもみないほど心痛の中から抜け出せなかったのですが、龍澤先生と何度かのメールのやり取りをしながら、だいぶ落ちつくことができました。コロナのせいでまだ奥様さえ面会できない状況だそうですから、最も辛い時に一人で過ごさなければならないのが、本当に残念です。

抜糸後は、以前のようにお話も上手で、よく召しあがることができるようにと切に祈っています。

坡州（パジュ）ブックアワードは、コロナのせいで直接会って議論することができない苦しい状況でしたが、特に龍澤先生をはじめとする日本の選定委員の方々のおかげで、大した困難もなく無事に終えることができたことに、感謝の気持ちでいっぱいです。

来年からは、先日申し上げたとおり、韓国出版人会議で引き受ける予定です。まだ具体的な計画や決定が下されたわけではありませんが、そうなる可能性は大きい状態です。

先生が代表委員をしてくださって、賞の方向も正確に決めてくださって、主催側である韓国メンバーたちの大きな力になってくださり、ここまで来られたのだと思います。

詩人の尹東柱（ユン・ドンジュ）の詩と人生を扱った生（なま）の舞台を体験なさったなんて、どんなに素晴しかったことか、私にも想像できます。

ＥＭＵは一番活発に活動する時期の八月に、コロナが深刻になってしばらく停滞していましたが、幸いに一〇月に入ってから企画した演劇、美術週間の行事、公演、映画祭などが脚光を浴びていて、これも本当にありがたく思っています。コロナの状況に合わせてアイディアを絞り出して企画したことが、人々に対して説得力を持つようになったと思います。

サゲジョル出版社も幸いなことに、例年よりもがんばっています。職員たちに感謝したいと思います。

坂州の秋空がいつにも増して晴れて、高いです。この頃になると坡州ブックソリや坡州ブックアワード授賞式などで、東アジア出版人会議のメンバーの方々にお会いしていましたが、今年は初めてお会いすることができなくて、懐かしさがさらに大きくなっています。会議の関係者すべての方々に、また会いたい思いでいっぱいです。

何よりもお体に気をつけて、楽しい日々をお過ごしください。

二〇二〇年一〇月九日

妹K・M拝

注

（1） 加藤敬事さんが、一〇月初めに舌ガンの手術を受けたこと。友人の誰一人として予測できない突発事であった。

第69信　O・NからK・Mへ

——2020年11月9日

K・M様

前回ファクスをいただいてから、あっという間に一ヶ月たってしまいました。その間いろいろなことがありました。

第一に、坡州(パジュ)ブックアワードの受賞者が決定したこと、そしてコロナ禍の下で授賞式に代わるオンライン上のメッセージを事務局が積極的に作製し、受賞者をはじめとする関係者に送付するようにしたこと（小生も代表委員としての挨拶の動画を、落合勝人さんに撮ってもらい事務局に送ってもらいました）。これは東アジアで唯一の国際出版文化賞が健在であることを示した快挙です。(1)

それとは反対に、アメリカの大統領選挙の混迷ぶりが目だちました。とりわけトランプ大統領が示した強権的で根拠のない数々の挑発行為は、世界最大の民主主義国家の内実を露呈させる醜悪なものでした。そういうわが日本国でも、菅首相は日本学術会議の人選に対して、理由を明示しないで介入しようとしています。これは民主主義と学問の自由に対する露骨な挑戦以外の何物でもありません。

また、思いもかけぬ加藤敬事さんの入院・大手術がありました。幸いに二、三日前には退院し、今後は通院しながら放射線治療を受けるとのことです。

一方、私たち東アジア出版人会議の仲間である沖縄の武石和実さん(榕樹書林社長)は、A5判で上・下各五五〇頁の大冊を刊行しました。真栄平房昭著『琉球海域史論』です。「貿易・海賊・儀礼・海防・情報・近代」といった、琉球をめぐる主要な学問的研究を視野に収める、包括的な業績と言えるでしょう。まだ三分の一ぐらいしか読めていませんが、とても重要な仕事だと思いました。コロナの時代にこのような出版人がいるのは誇るべきことです。

最後に、『読売新聞』の私自身に対する長文のインタビュー記事の掲載がありました。読書週間に合わせての老出版人の回顧と展望といった内容です。EAPCのことも、中国の出版人の「したたかさ」に関わって少しだけ載っています。(2) 友人によれば、まるで遺書のようだとも言われました。小生の出版に対する願い、とりわけ若い世代の出版人に対する期待が述べられているからだと思います。

これまでの通信を改めて読んでみました。EAPCやPBAについての実務的な連絡、あるいは小生の本の翻訳に関わる具体的な問題点の提示、『岩波書店百年』を韓国出版人会議に謹呈するための打合せ等が取り上げられています。

しかし同時に、貴女の通信の底流にあるのは、韓国の美しい自然（とりわけ江華島のそれ）に向き合うK・Mさんの姿です。その自然について、私たちは何回も意見を交わしました。地球温暖化による、世界各地で見られる巨大台風や洪水、干ばつ、また森林火災などです。

この問題について、私は最近日本の若い研究者がよい仕事を発表していることに気がつきました。斎藤幸平さんという、マルクス・エンゲルス新全集国際版の編集委員でもある社会科学者は、『人新世の「資本論」』（集英社新書、二〇二〇年）で気候変動の根本的解決策として、脱成長経済を提唱しています。この考えは、マルクスの晩年の思索にもヒントを得ていることを、前著『大洪水の前に――マルクスと惑星の物質代謝』（堀之内出版、二〇一九年）で書いています。

このように私たちが『兄妹通信』を通して懸念していた問題に対して、若い世代の研究者が答えを提示しようとしていることに、私は深く感動します。これまではナオミ・クラインに代表されるようなジャーナリストによる警告(3)が多かったように思うのですが。

この十数年間というもの、毎年、年末あるいは年始にK・Mさんからの電話やファクスと、台湾の林載爵（リン・ツァイツェ）夫妻からの電話をもらうことが、恒例行事となっていました。それは互いの無事を確かめ、新しい年への期待を述べあう大切な機会でした。もちろん年末・年始以外の通信も、そのすべてが老人の私に勇気を与えてくださるものでした。

ですから、年に何回かお会いする時には、本当に嬉しい思いをしたものです。とはいえ人間には限られた寿命があり、何事も永遠に続くことはありえません。

そのようなわけで、私は昨年のＥＡＰＣ沖縄会議で引退を表明したのでした。そしてＰＢＡ代表委員の辞退も。

しかし、過去十余年間の私たちの通信は何物にも代え難い宝物です。このように充実した時間を共にすることができたことに、改めて心から感謝を申し上げます。ありがとうございました。

どうかお元気に！　コロナ禍が一日も早く終息することを、そして再びお会いできるように願いつつ。

二〇二〇年一一月九日

最愛の妹へ　大塚信一

注

（1）私の挨拶では、自己紹介と受賞者の皆様へのお祝いの言葉に続けて、左記の如く述べた。

「コロナ禍の下、各国の推薦委員と選考委員の熱心な作業と、事務局の周到な準備によって、前代未聞の国際情勢のなかでこの賞が継続されたことは、本当に素晴しいことです。

本賞は、設立以来九年間、東アジアの平和と安定、国際交流そして各国の歴史に新たな光を当てる書物と活動に賞を授与することを通して、社会的に大きな貢献をして参りました。来年は一〇年という節目を迎えようとしております。

政治的次元では、東アジア各国間の関係はけっして安定した良好なものではありません。しかし、本賞の運営に関わる限り、東アジアにおいてこんなに友好的で連帯感に満ちた活動は、他に例を見ることができません。

このような画期的な賞を創設し、東アジア全域に向けての平和的なメッセージを発信し続ける韓国の出版人の皆様に、私は心からの敬意を表したく思います。そしてさらにこの賞が発展することを願わずにはいられません。」

（2）該当の部分だけ引用する。引用は『読売新聞』二〇二〇年一〇月二七日夕刊「編集委員鵜飼哲夫のあ言えばこう聞く」より。

大塚　退職後、東アジア出版人会議をつくり、年に何回かアジアを歩き、気がついたのは中国の出版界の元気さとしたたかさです。

――したたかさ？

大塚　「言論の自由のない国で何ができるか」と思うでしょ。でも、中国はまだ発展途上の奥地も多く、這い上がろうとする人々の教育熱は高い。古典を今に伝える好企画などが次々誕生しています。

面白いのはここからです。要するに古典の解釈には幅があるでしょ。そこで、あからさまな体制批判はしませんが、色々なものの見方、考え方を解釈に織り込ませるんです。

――制約をバネにした、したたかさがあるのですね。

大塚　中国史を、北京など中心からではなく、〔例えば〕東北地方の哈爾浜から見つめ直すユニークな企画もある。異民族支配も含め三〇〇〇年以上、様々な体制下を生き抜いた中国人の強さを感じます。

（3） 例えば、ナオミ・クライン『これがすべてを変える――資本主義vs.気候変動』（幾島幸子・荒井雅子訳、岩波書店、二〇一七年。原書は二〇一四年刊）。

第70信 K・MからO・Nへ

――2020年11月9日

大塚先生！

ここ数日、暖かい天気が続き、今日急に冷え込んで、秋が深まるなと思ってしまいます。日曜日の昨日は日差しが良かったので、夫と一緒にキムチを入れるかめを全部取り出して洗い、天日に干しました。家事を終えて、刈り入れが終わった秋の野原を三時間近くゆっくり歩きました。コロナ事態の中でも自然は自分の役目を全うして冬支度に入りました。

柿の木にはまだ落ちていない赤い柿が雲一つない青空と調和し、絵を描きたい衝動を感じさせるほど美しかったです。自然が人間に与える楽しさと悟りと慰めは、どんなに大きいか分かりません。

人間の開発行為で壊れない限り、相変わらず多くのものを私たちに与えてくれる自然に、感謝の気持ちを伝えたいです。

米大統領はバイデン氏に確定しましたが、韓国は北朝鮮との関係にどのような変化があるのかが焦眉の関心事です。米国が朝鮮戦争の終戦宣言はもとより、北朝鮮に対する卑怯な経済制裁を解除しない限り、南北の主体的関係は再び苦しくなるためです。南北に分かれている韓国の問題を、私たちが自ら決定し、実行できない状況は、実に暗澹とし、悔しいばかりです。

菅首相は、日本学術会議の人選にまで介入するほど民主主義に逆らっているとは、本当に理解できないことですね。

尊敬する武石和実さんが出版なさった『琉球海域史論』は必ず時間を作ってきちんと読んでみます。今は内容を忘れてしまいましたが、琉球文化史の本を日本語の勉強がてら読んでからは、韓国の済州島(チェジュド)の歴史と運命と習慣などとよく似ている琉球に関心と愛情が強くなってきました(1)。

自然災害について紹介してくださった斎藤幸平さんの二冊の本も探して読みたいです。

『読売新聞』に載った先生のインタビューは、読売新聞社のサイトに入って検索して読んでみました。まるで遺書のようだと言う方がいらしたというとおり、若い世代に与える意味深長な話と期待をうかがうことができて、楽しく読みました。

2009年東京で．カン・マルクシル(右)と大塚信一．

加藤先生が退院され、通院なさるとは幸いなことです。が、お水も飲めない状況で放射線治療まで受けなければならないなんて、先生の健康のために心からお祈りするだけです。

この本ではこれが最後の手紙になりますが、本を出版してからも先生と私は手紙を取り交わします。そう思うせいか、先生の今回の何か締めくくるようなお手紙の内容が、私には少しなじまず残念な感じさえします。

けれども、私もやはり、先生がこうして一〇年以上の通信を集めて、本にしてみよう、と言ってくださらなかったら、おそらく通信全体をじっくり読む機会は無かったかも知れません。先生のおかげで今までの通信を読みながら、自然にいろんなことを思い出すようになったし、またこれからのことを考える大事なきっかけとなりました。

先生が私の手紙までいちいち手で書き直してくださって、間違ったところは確認して直してくださるのを見て、その感動の重さがどれほど大きいか分かりません。何よりも出版に向けた先生の岩のように固い信念と愛情がはっきりと感じられました。

くれぐれもコロナ事態の中にあってもいつまでもお元気でいらっしゃってください。

来年の春には必ず、お会いして美味しいお酒を飲みながら、たくさんの話を交わしつつ、明るく笑うことができると思っています。

二〇二〇年一一月九日

最愛のお兄さんへ　カン・マルクシル拝

注

（1）事実、K・Mさんは次の沖縄料理の本を自ら翻訳し出版している。はやかわゆきこ（絵と文）『おうちでうちなーごはん！』ボーダー・インク、二〇一六年（韓国語版＝四季節出版社、二〇一八年）。

エピローグ――東アジア出版人会議がはぐくんだ夢

カン・マルクシル

二〇二〇年一月中旬、大塚先生から分厚い小包が一つ届いた。開けてみると、ある年以降、大塚先生と私がやり取りしたファクスと手紙のコピーだった。その厚い紙の束の横には、一通の新しい手紙が入っていた。手紙には、「私たちが一五年近くやり取りしたファクスと手紙は、私たち二人の私的な宝物であるだけでなく、日韓両国の出版交流の一面を含んだ貴重な資料でもあり、出版することには意味があると思うが、どうだろうか」という趣旨の提案が含まれていた。

これまでやり取りしたファクスと手紙を捨てずに、すべて集めてくださっていただけでも驚くべきことなのに、出版とは！　思いもよらぬ提案だったので、私は頭を一発殴られたようにぼんやりしてしまった。人と人との間の小さな交流一つも、簡単に受け流さない大塚先生の繊細さに、私は感動した。しかし、私の内密な物語が盛り込まれた手紙を出版するなんて、恥ずかしさがどうしようもなく先に立つ。

だからといって、私の恥ずかしさのために出版を遠慮するなら、先生の書いた意味のある話はいったいどうなってしまうのだろうか。とつおいつ、私はなかなか結論を下せなかった。先生の手紙は、五月中旬に予定されている坡州(パジュ)ブックアワード選定会議の時に会って、もっと詳しい話を交わそう、という言葉で締めくくられていた。五月ならまだ時間があるからその時まで悩んでみよう。そう考えて、はっきりした私の意見は言わないまま、五月にお会いしてお話ししたいという返信だけを送った。

しかし結局、先生と私は五月に会うことができなかった。先生の小包と手紙を受け取った一月中旬以降、COVID-19(いわゆるコロナ・ウイルス)が急速に広がり、海外旅行が難しくなった。坡州ブックアワードの選定も対面会議はとりやめ、電子メールで意見を交わすやり方で行われた。そして七月、先生の二回目の小包が届いた。

今回は、最初の数年間にやり取りした通信のコピーに付箋がつけられていた。「兄妹通信」という題まで書かれていた。めくってみると、私の手紙とファクスの内容を先生がいちいち手写しにした上で、詳しい注をつけて解説したり、補足説明が書かれていた。付箋の部分は私に確認すべき内容に関わるものだった。いつの間にか編集作業が始まっていたのだ!

私はそれをまるで待ち受けていたかのように、自然にその行程に引き込まれた。付箋がついている個所を逐一確認しながら、先生の質問に答え、自分なりに必要だと思う内容を加えていった。韓国料理の中で「タン」と「チゲ」がどう違うのかという先生の質問には、自然と笑いがこみ上げてきたし、植物の「へちま」を鍋を洗う「たわし」と間違えるなど、私の下手な日本語のせいで生じた誤解を前にして赤くなったりもした。そのような過程を経て私の編集を終え、先生にまた原稿を送付した。

そうしたやり取りの作業が一一月まで続いた。先生は通信全体を几帳面に検討して、読者が読み進めるのに必要な内容を付け加えた。先生の手はファクスや手紙に新しい生命力を吹き込んだ。二人の友情が盛り込まれた私的な手紙が、徐々に両出版人の国境を越えた交流の記録へとその意味を広げた。半世紀の間、編集者であると同時に著者として日本の出版文化を導いてきた大塚先生の編集作業を間近に見て、私は感動を超え、ある意味で粛然ささえ感じた。この作業の社会的意味を積極的に発見し、また読者の立場で何がもっと必要かをくりかえし自問する姿が大編集者らしかった。しかもこの作業には、一五年以上続いてきた東アジア出版人会議やその後の坡州ブックアワードに対する先生の深い愛情が込められていたため、私も一層真摯な姿勢で臨むしかなかった。

二〇〇五年に発足した東アジア出版人会議は、韓国、日本、中国、台湾、香港、そして最近合流した沖縄までの東アジア六地域の出版人が集まり、相互交流と協力を図ってきた。毎年春と秋の二回ずつ、地域ごとに交互に会議を主催してきたが、二〇一九年一一月の沖縄会議を最後に、一年以上、顔を合わせていない状況である。だからこの作業は、もしかしたら先生にも私にとっても、東アジア出版人会議のメンバーへの懐かしさを再確認する過程だったのかも知れない。この作業を進める間中、これまで会議で討論してきた多くのテーマと、会議が終わったあと一緒に旅行しながら楽しく交わした話のことや、メンバー一人一人の顔が思い浮かんだ。大塚先生はその懐かしい顔の中で、だれよりも明るく輝いている方だった。

ふり返ってみると、私たちは東アジア出版人会議や坡州ブックアワードを通じて、本当に多くの夢を熱心に見てきた。その夢をすべて叶えたわけではないが、「過去は未来を映す鏡」というベンヤミンの言葉のように、私たちが〝東アジア読書共同体〟を夢見て一緒に討論したテーマと実行した事業が、未来の東アジアの出版文化のための小さな、しかし確実な土台になるのではないかと思う。

一五年以上の時間、国境を越えて行き来する会議の体制を維持することができた力として、私は二つのことをあげたい。一つは出版の役割、つまりある社会で本が担うべき役割に対する信念と確信のことだ。互いに異なる六地域でそれぞれ異なる種類の本を作る人々だが、私たちは皆、本が社会に及ぼす影響、読書共同体が作り出す、より良い明日に対する強い信頼を共有した。その信頼が、昨今の本の危機を予見させるさまざまな展望の中でも、年二回ずつ会議を開催していく原動力となった。

もう一つは、メンバー相互間の深い信頼をあげることができる。各地域ごとに、またメンバー個々人が属する出版社ごとに、さまざまな事情があったはずなのに、お互いに意見を交わし、状況を調整しながら会合を維持してこられたことには、お互いを尊重し、信頼する気持ちが大きな役割を果たした。そんな想いの中で、しっかりした柱の役割をしてくださったのが大塚先生である。

東アジア出版人会議は、もはや風にだけ頼る帆掛け船ではない。だからといって、すべてのシステムが安定的に備わっているクルーザーでもない。自分の動力をある程度備えているが、依然として風に頼らなければ前進できない帆船とでも言うべきか。東アジア出版人会議が〝東アジア読書共同体〟という夢を乗せて航海していく海は、依然として冒険であり抵抗であり、挑戦の場だ。そのような海の上で続く私たちの航海において、大塚先生は、今後ともしっかりと私たちの道を明らかにしてくださることを、私は信じている。

厳格で情深い大塚先生。先生と長い時間、ファクスや手紙のやり取りをしながら兄妹の情まで交わすことができて、この上なく嬉しく、感謝の気持ちでいっぱいだ。〝兄妹通信〟は今後も続くことだろう。それらの通信がさらにどんな言葉で満たされるか、私も気になる。

東アジア出版人会議の生みの親だった日本の龍澤武先生と加藤敬事先生にも、この場を借りて感謝し、加藤先生の全快を祈りつつ、この文を終えたい。

追記

本書のゲラの校正中に加藤敬事先生のご逝去の知らせをいただきました。この場を借りて謹んでご冥福をお祈りいたします。

誰故草　Ⓒ왜그림

あとがき

カン・マルクシル
大塚信一

私たちのプライベートな「兄妹通信」がこのような書物の形になったことは、大きな喜びである。なによりも、これまで私たちもそのメンバーであった東アジア出版人会議（ＥＡＰＣ）と坡州ブックアワード（ＰＢＡ）の関係者すべてに心からの感謝の思いを申し述べたい。

国の規模や体制の違いにもかかわらず、われわれは一五年以上にわたって、一堂に会し胸襟を開いて議論し、意見を交わすことができた。しかもその間、政治・経済のレベルでは、各地域間でかつてない緊張が続いていたのであった。

それはわれわれ全員が、出版という人類共通の課題に取り組む仕事に携わっていたからこそ、可能になったことだろう。その結果、国境を越えた多くの友情と連帯が生まれた。

私たちの通信は、その小さな一つの具体的な例にすぎない。しかし、こうしたささやかな例であっても、それが重なっていくならば、変革への道へとつながるのではないだろうか。その意味からも、右の二つの運動が、各地域の若い世代の出版人によって、さらに活発に展開されることを願ってやまない。

本書は日本語版と韓国語版が同時に刊行される。これも岩波書店とサゲジョル社の皆様の連帯と友情によるもので、深く感謝している。

二〇二一年四月

［日本語版に寄せて］

日本語版の出版については、右のＥＡＰＣとＰＢＡのメンバーでもある小田野耕明さんをはじめとする岩波書店の方々にお世話になった。また装幀を、韓国への深い関心を抱いておられる桂川潤さんにお願いできたのは幸いであった。

最後に、本書の挿絵に付された왜그림（ウェグリム、「なぜ描くのか」の意）は、カン・マルクシルさんの画号である。

（大塚信一）

人名索引

た行

な行

は行

ま行

や行

ら行

わ行

往復通信一覧

（K・Mはカン・マルクシル，O・Nは大塚信一で，ファクスの差出人を示す．＊は手紙）

2009年

第1信	＊K・M	6月15日
第2信	O・N	6月18日
第3信	K・M	7月 3日

2011年

第4信	K・M	12月22日
第5信	O・N	12月23日

2012年

第6信	K・M	1月 5日
第7信	O・N	1月 5日
第8信	K・M	2月20日
第9信	O・N	2月20日
第10信	O・N	3月 5日
第11信	K・M	3月12日
第12信	K・M	6月22日
第13信	O・N	6月22日
第14信	K・M	8月24日
第15信	O・N	8月24日
第16信	O・N	8月27日
第17信	O・N	9月20日
第18信	O・N	9月23日
第19信	K・M	9月26日
第20信	K・M	10月 8日？
第21信	O・N	10月 9日
第22信	K・M	10月12日？
第23信	K・M	11月 1日？
第24信	O・N	11月 2日

2013年

第25信	K・M	3月18日
第26信	O・N	3月18日
第27信	K・M	9月16日
第28信	O・N	9月16日
第29信	O・N	9月24日
第30信	K・M	12月27日
第31信	O・N	12月27日

2014年

第32信	O・N	2月 3日
第33信	K・M	2月 4日

2015年

第34信	K・M	2月10日
第35信	O・N	2月11日
第36信	O・N	6月22日
第37信	K・M	6月23日
第38信	O・N	6月24日

2018年

第39信	O・N	2月15日
第40信	K・M	2月15日

第 41 信　　O・N　　3 月 26 日
第 42 信　　K・M　　10 月 29 日
第 43 信　　O・N　　10 月 29 日

2019 年

第 44 信　　K・M　　7 月 30 日
第 45 信　　O・N　　7 月 30 日
第 46 信　　K・M　　12 月 26 日
第 47 信　　O・N　　12 月 26 日

2020 年

第 48 信　　O・N　　1 月　6 日
第 49 信　　K・M　　1 月　8 日
第 50 信　＊O・N　　1 月 10 日
第 51 信　＊K・M　　1 月 27 日
第 52 信　　O・N　　1 月 31 日
第 53 信　＊O・N　　2 月　6 日
第 54 信　＊K・M　　2 月 21 日
第 55 信　　O・N　　2 月 27 日
第 56 信　＊K・M　　6 月 10 日
第 57 信　　O・N　　6 月 24 日
第 58 信　　K・M　　7 月 27 日
第 59 信　　O・N　　7 月 28 日
第 60 信　　K・M　　8 月　7 日
第 61 信　＊O・N　　8 月 14 日
第 62 信　　K・M　　8 月 24 日
第 63 信　＊O・N　　8 月 25 日
第 64 信　　K・M　　9 月　3 日
第 65 信　＊O・N　　9 月　8 日
第 66 信　　K・M　　9 月 17 日
第 67 信　＊O・N　　9 月 23 日
第 68 信　　K・M　　10 月　9 日
第 69 信　　O・N　　11 月　9 日
第 70 信　　K・M　　11 月　9 日

東アジア出版人会議開催記録

第1回	東京会議(2005年9月5-6日)	東京(日本)
第2回	杭州会議(2006年3月30-31日)	浙江省西湖(中国)
第3回	ソウル会議(2006年10月19-20日)	ソウル(韓国)
第4回	香港会議(2007年3月29-30日)	香港(香港)
第5回	台湾会議(2007年11月8-9日)	新竹(台湾)
第6回	京都会議(2008年3月27-28日)	京都(日本)
第7回	ソウル会議(2008年11月6-7日)	ソウル(韓国)
第8回	麗江会議(2009年4月16-17日)	雲南省麗江(中国)
第9回	全州会議(2009年10月29-30日)	国立全北大学(韓国)
第10回	マカオ会議(2010年5月6-7日)	マカオ大学(香港)
第11回	台湾・花蓮会議(2010年11月25-26日)	太魯閣(台湾)
第12回	東京・明治大学会議(2011年12月1-2日)	東京(日本)
第13回	東京・東京外国語大学会議(2012年5月24-25日)	東京(日本)
第14回	台湾・台湾大学会議(2012年12月20-21日)	台北(台湾)
第15回	成都会議(2013年5月16-17日)	四川省成都(中国)
第16回	坡州会議(2013年9月30日)	坡州(韓国)
第17回	貴陽会議(2014年8月1-2日)	貴州省貴陽(中国)
第18回	東京・国立情報学研究所会議(2015年4月2-3日)	東京(日本)
第19回	台湾・国家図書館会議(2015年11月11-12日)	台北(台湾)
第20回	香港・饒宗頤文化館会議(2016年4月19-20日)	香港(香港)
第21回	10周年沖縄会議(2016年11月14-15日)	那覇(沖縄)
第22回	ソウル会議(2017年5月25-26日)	ソウル(韓国)
第23回	烏鎮会議(2017年9月21-22日)	浙江省烏鎮(中国)
第24回	台湾・国立台湾文学館会議(2018年4月17-18日)	台南(台湾)
第25回	富川会議(2018年10月24-25日)	富川(韓国)
第26回	東京・明治大学会議(2019年6月27-28日)	東京(日本)
第27回	沖縄・沖縄大学会議(2019年11月21-22日)	那覇(沖縄)

カン・マルクシル(강맑실)

1956年生まれ.
1988年四季節出版社入社. 1994年より現在まで社長を務める. 東アジア出版人会議事務総長, 韓国出版人会議会長を歴任. 韓国語への翻訳書に, はやかわゆきこ(絵と文)『おうちでうちなーごはん!』(四季節出版社, 2018年)をはじめ, 多数の英米圏の絵本がある. 著書に『末っ子の庭』(四季節出版社, 2021年).

大塚信一

1939年生まれ.
1963年岩波書店入社. 数々の単行本・講座・シリーズ・岩波新書・雑誌を編集. 1997-2003年社長. 東アジア出版人会議理事, 坡州ブックアワード代表委員などを歴任. 『理想の出版を求めて――一編集者の回想 1963-2003』(トランスビュー, 2006年)以来, 11冊の単著がある. 最新刊は『長谷川利行の絵――芸術家と時代』(作品社, 2020年).

本の森をともに育てたい――日韓出版人の往復通信

2021年6月17日　第1刷発行

著　者　カン・マルクシル　大塚信一(おおつかのぶかず)

発行者　坂本政謙

発行所　株式会社 岩波書店
〒101-8002 東京都千代田区一ツ橋 2-5-5
電話案内 03-5210-4000
https://www.iwanami.co.jp/

印刷・三陽社　カバー・半七印刷　製本・松岳社

ISBN 978-4-00-061477-1　　Printed in Japan